Bilingual

VISUAL

dictionary

DK LONDON
Senior Editors Angeles Gavira, Christine Stroyan,
Angela Wilkes
Senior Art Editor Ina Stradins
Jacket Editor Claire Gell
Jacket Design Development Manager Sophia MTT
Preproduction Producer Andy Hilliard
Producer Jude Crozier
Picture Researcher Anna Grapes
Managing Editor Dan Mills
Managing Art Editors Anna Hall, Phil Ormerod
Associate Publisher Liz Wheeler
Publisher Jonathan Metcalf

DK INDIA
Editors Arpita Dasgupta, Shreya Sengupta, Arani Sinha
Assistant Editors Sugandha Agarwal, Priyanjali Narain
DTP Designers Harish Aggarwal, Ashwani Tyagi,
Anita Yadav
Jacket Designer Juhi Sheth
Managing Jacket Editor Saloni Singh
Preproduction Manager Balwant Singh
Production Manager Pankaj Sharma

Designed for DK by WaltonCreative.com
Art Editor Colin Walton, assisted by Tracy Musson
Designers Peter Radcliffe, Earl Neish, Ann Cannings
Picture Research Marissa Keating

Language content for DK by g-and-w PUBLISHING
Managed by Jane Wightwick, assisted by Ana Bremón
Translation and editing by Christine Arthur
Additional input by Dr Arturo Pretel, Martin Prill,
Frédéric Monteil, Meinrad Prill, Mari Bremón,
Oscar Bremón, Anunchi Bremón, Leila Gaafar

First published in Great Britain in 2005
This revised edition published in 2017 by
Dorling Kindersley Limited,
80 Strand, London WC2R 0RL

Copyright © 2005, 2015, 2017 Dorling Kindersley Limited
A Penguin Random House Company

Content first published as
5 Language Visual Dictionary in 2003

2 4 6 8 10 9 7 5 3 1
001 – 306408 – Mar/17

All rights reserved.
No part of this publication may be reproduced, stored in
or introduced into a retrieval system, or transmitted,
in any form, or by any means (electronic, mechanical,
photocopying, recording, or otherwise), without the
prior written permission of the copyright owner.

A CIP catalogue record for this
book is available from the British Library.

ISBN: 978-0-2412-9244-0

Printed and bound in China

A WORLD OF IDEAS:
SEE ALL THERE IS TO KNOW

www.dk.com

sommario
contents

le persone • people

l'aspetto • appearance

la salute • health

la casa • home

i servizi • services

gli acquisti • shopping

il cibo • food

mangiare fuori •
eating out

lo studio • study

il lavoro • work

i trasporti •
transport

lo sport • sport

il tempo libero •
leisure

l'ambiente •
environment

i dati • reference

informazioni sul dizionario

È dimostrato che l'uso di immagini aiuta a capire e memorizzare le informazioni. Applicando tale principio, abbiamo realizzato questo dizionario bilingue, corredato da numerosissime illustrazioni, che presenta un ampio ventaglio di vocaboli utili in due lingue europee.

Il dizionario è diviso in vari argomenti ed esamina dettagliatamente molti aspetti del mondo moderno, dal ristorante alla palestra, dalla casa all'ufficio, dallo spazio al regno animale. L'opera contiene inoltre frasi e vocaboli utili per conversare e per estendere il proprio vocabolario.

È un'opera di consultazione essenziale per tutti gli appassionati delle lingue – pratica, stimolante e facile da usare.

Indicazioni

Le due lingue vengono presentate sempre nello stesso ordine: italiano e inglese.

In italiano, i sostantivi vengono riportati con il relativo articolo determinativo, che indica il genere (maschile o femminile) e il numero (singolare o plurale), come ad esempio:

il seme   **le mandorle**
seed   almonds

I verbi sono contraddistinti da una (v) dopo il vocabolo inglese, come ad esempio:

nuotare • swim (v)

Alla fine del libro ogni lingua ha inoltre il proprio indice, che consente di cercare un vocabolo in una delle due lingue e di trovare il rimando alla pagina che gli corrisponde. Il genere è indicato dalle seguenti abbreviazioni:

m = maschile
f = femminile

come usare questo libro

Che stiate imparando una lingua nuova a scopo di lavoro, per diletto o in preparazione per una vacanza all'estero, o desideriate estendere il vostro vocabolario in una lingua che vi è già familiare, questo dizionario è uno strumento di apprendimento prezioso che potete usare in vari modi diversi.

Quando imparate una lingua nuova, cercate le parole affini per origine (che sono quindi simili nelle varie lingue) ma occhio alle false analogie (vocaboli che sembrano uguali ma hanno significati molto diversi). Questo dizionario mostra inoltre come le lingue hanno influito l'una sull'altra. L'inglese, per esempio, ha importato dalle altre lingue europee molti vocaboli relativi agli alimenti ma ne ha esportati molti altri relativi alla tecnologia e alla cultura popolare.

Attività pratiche di apprendimento

• Girando per casa, in ufficio, a scuola, guardate le pagine relative all'ambiente in cui vi trovate, poi chiudete il libro, guardatevi attorno e cercate di ricordare il nome del maggior numero possibile di oggetti e strutture.

• Provate a scrivere un racconto, una lettera o un dialogo usando il maggior numero possibile dei vocaboli riportati su di una pagina in particolare. Vi aiuterà a memorizzare i vocaboli e a ricordare come si scrivono. Se volete scrivere testi più lunghi, cominciate con delle frasi che comprendano 2 o 3 delle parole.

• Se avete una memoria molto visiva, prendete un foglio di carta e disegnatevi o ricopiatevi le immagini che appaiono nel libro, quindi chiudete il libro e scrivete le parole sotto alle immagini.

• Quando vi sentite più sicuri, scegliete dei vocaboli dall'indice di una lingua straniera e cercate di ricordarne i significati, trovando poi le pagine corrispondenti per verificare che siano giusti.

app audio gratuita

L' app audio include tutte le parole e le frasi presenti nel libro. Grazie all'impiego di madrelingua sia italiani che inglesi, ti aiuta ad arricchire il tuo vocabolario e a migliorare la pronuncia.

Come utilizzare l'app audio

• Scegli un app store e scarica l'applicazione gratuita su smartphone o tablet.
• Apri l'applicazione e il Dizionario Visuale che trovi nella Biblioteca.
• Scarica i file audio corrispondenti al libro che stai utilizzando.
• Inserisci il numero di una pagina, poi scorri lungo la lista per trovare la parola o la frase che stai cercando.
• Tocca un vocabolo per ascoltarne la pronuncia.
• Scorri le pagine verso destra o sinistra per visualizzare la pagina precedente o quella sucessiva.

about the dictionary

The use of pictures is proven to aid understanding and the retention of information. Working on this principle, this highly-illustrated bilingual dictionary presents a large range of useful current vocabulary in two European languages.

The dictionary is divided thematically and covers most aspects of the everyday world in detail, from the restaurant to the gym, the home to the workplace, outer space to the animal kingdom. You will also find additional words and phrases for conversational use and for extending your vocabulary.

This is an essential reference tool for anyone interested in languages – practical, stimulating, and easy-to-use.

A few things to note

The two languages are always presented in the same order – Italian and English.

In Italian, nouns are given with their definite articles reflecting the gender (masculine or feminine) and number (singular or plural), for example:

il seme	**le mandorle**
seed	almonds

Verbs are indicated by a (v) after the English, for example:

nuotare • swim (v)

Each language also has its own index at the back of the book. Here you can look up a word in either of the two languages and be referred to the page number(s) where it appears. The gender is shown using the following abbreviations:

m = masculine
f = feminine

how to use this book

Whether you are learning a new language for business, pleasure, or in preparation for a holiday abroad, or are hoping to extend your vocabulary in an already familiar language, this dictionary is a valuable learning tool which you can use in a number of different ways.

When learning a new language, look out for cognates (words that are alike in different languages) and false friends (words that look alike but carry significantly different meanings). You can also see where the languages have influenced each other. For example, English has imported many terms for food from other European languages but, in turn, exported terms used in technology and popular culture.

Practical learning activities

• As you move about your home, workplace, or college, try looking at the pages which cover that setting. You could then close the book, look around you and see how many of the objects and features you can name.
• Challenge yourself to write a story, letter, or dialogue using as many of the terms on a particular page as possible. This will help you retain the vocabulary and remember the spelling. If you want to build up to writing a longer text, start with sentences incorporating 2–3 words.
• If you have a very visual memory, try drawing or tracing items from the book onto a piece of paper, then close the book and fill in the words below the picture.
• Once you are more confident, pick out words in a foreign-language index and see if you know what they mean before turning to the relevant page to check if you were right.

free audio app

The audio app contains all the words and phrases in the book, spoken by native speakers in both Italian and English, making it easier to learn important vocabulary and improve your pronunciation.

FREE AUDIO APP

how to use the audio app

• Download the free app on your smartphone or tablet from your chosen app store.
• Open the app and unlock your *Visual Dictionary* in the Library.
• Download the audio files for your book.
• Enter a page number, then scroll up and down through the list to find a word or phrase.
• Tap a word to hear it.
• Swipe left or right to view the previous or next page.

le persone
people

il corpo • body

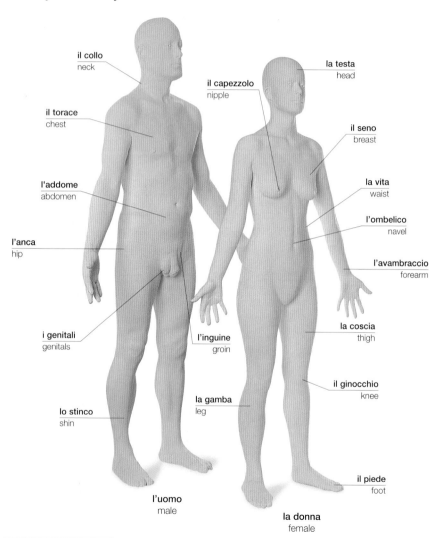

il collo
neck

la testa
head

il capezzolo
nipple

il torace
chest

il seno
breast

l'addome
abdomen

la vita
waist

l'ombelico
navel

l'anca
hip

l'avambraccio
forearm

i genitali
genitals

l'inguine
groin

la coscia
thigh

il ginocchio
knee

lo stinco
shin

la gamba
leg

il piede
foot

l'uomo
male

la donna
female

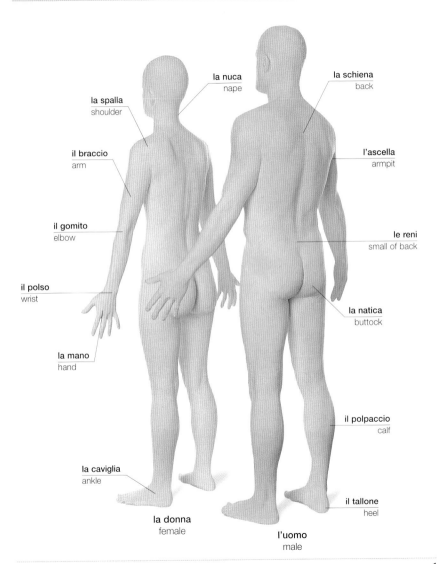

la nuca
nape

la schiena
back

la spalla
shoulder

l'ascella
armpit

il braccio
arm

il gomito
elbow

le reni
small of back

il polso
wrist

la natica
buttock

la mano
hand

il polpaccio
calf

la caviglia
ankle

il tallone
heel

la donna
female

l'uomo
male

la faccia • face

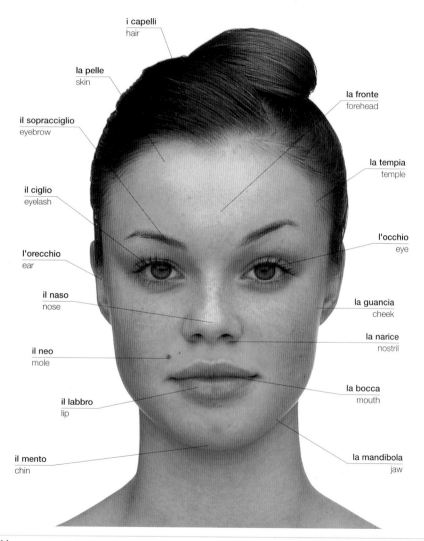

i capelli
hair

la pelle
skin

il sopracciglio
eyebrow

il ciglio
eyelash

l'orecchio
ear

il naso
nose

il neo
mole

il labbro
lip

il mento
chin

la fronte
forehead

la tempia
temple

l'occhio
eye

la guancia
cheek

la narice
nostril

la bocca
mouth

la mandibola
jaw

la ruga
wrinkle

la lentiggine
freckle

il poro
pore

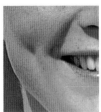

la fossetta
dimple

la mano • hand

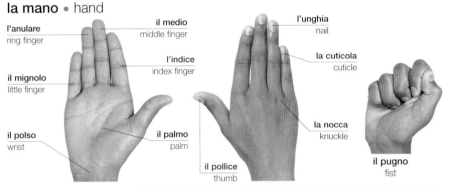

l'anulare
ring finger

il medio
middle finger

l'indice
index finger

il mignolo
little finger

l'unghia
nail

la cuticola
cuticle

il polso
wrist

il palmo
palm

la nocca
knuckle

il pollice
thumb

il pugno
fist

il piede • foot

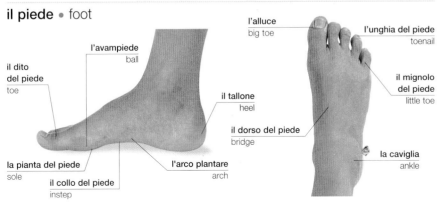

l'alluce
big toe

l'unghia del piede
toenail

l'avampiede
ball

il dito
del piede
toe

il mignolo
del piede
little toe

il tallone
heel

il dorso del piede
bridge

la pianta del piede
sole

l'arco plantare
arch

la caviglia
ankle

il collo del piede
instep

i muscoli • muscles

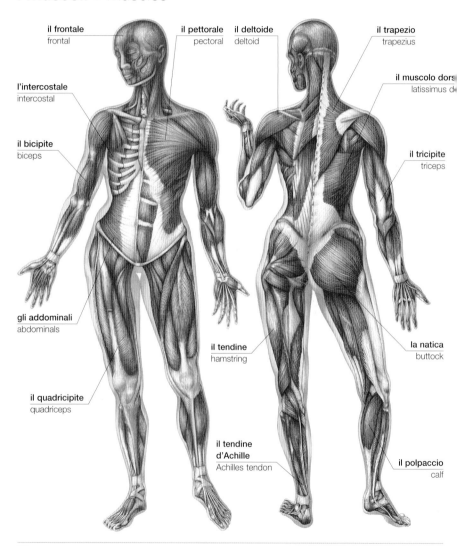

il frontale
frontal

il pettorale
pectoral

il deltoide
deltoid

il trapezio
trapezius

l'intercostale
intercostal

il muscolo dors
latissimus de

il bicipite
biceps

il tricipite
triceps

gli addominali
abdominals

il tendine
hamstring

la natica
buttock

il quadricipite
quadriceps

il tendine
d'Achille
Achilles tendon

il polpaccio
calf

lo scheletro • skeleton

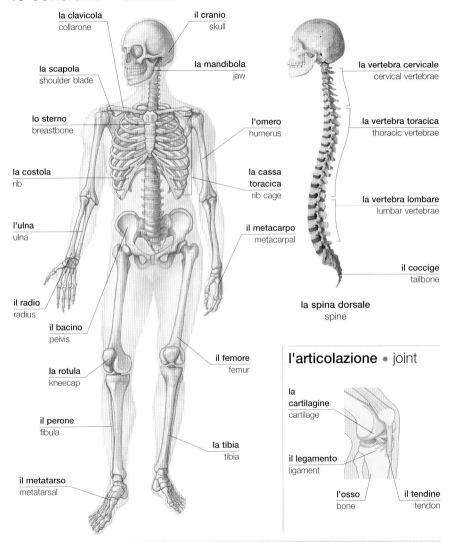

la clavicola
collarone

il cranio
skull

la mandibola
jaw

la scapola
shoulder blade

lo sterno
breastbone

la costola
rib

l'ulna
ulna

il radio
radius

il bacino
pelvis

la rotula
kneecap

il perone
fibula

il metatarso
metatarsal

l'omero
humerus

la cassa
toracica
rib cage

il metacarpo
metacarpal

il femore
femur

la tibia
tibia

la vertebra cervicale
cervical vertebrae

la vertebra toracica
thoracic vertebrae

la vertebra lombare
lumbar vertebrae

il coccige
tailbone

la spina dorsale
spine

l'articolazione • joint

la
cartilagine
cartilage

il legamento
ligament

l'osso
bone

il tendine
tendon

gli organi interni • internal organs

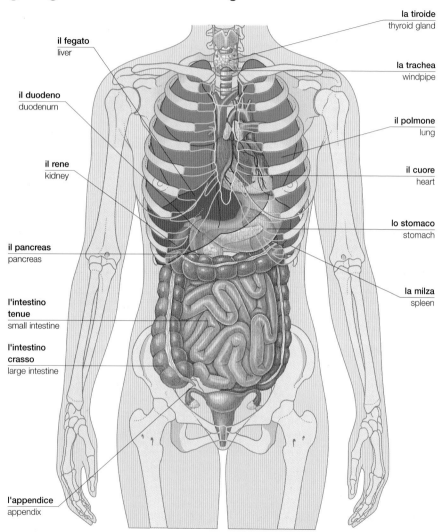

la tiroide
thyroid gland

il fegato
liver

la trachea
windpipe

il duodeno
duodenum

il polmone
lung

il rene
kidney

il cuore
heart

lo stomaco
stomach

il pancreas
pancreas

la milza
spleen

l'intestino
tenue
small intestine

l'intestino
crasso
large intestine

l'appendice
appendix

la testa • head

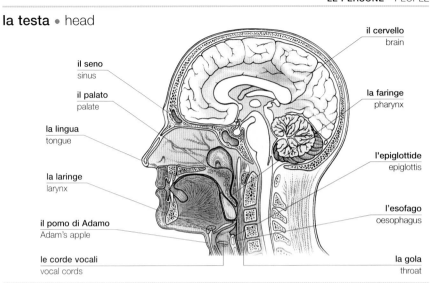

il seno
sinus

il palato
palate

la lingua
tongue

la laringe
larynx

il pomo di Adamo
Adam's apple

le corde vocali
vocal cords

il cervello
brain

la faringe
pharynx

l'epiglottide
epiglottis

l'esofago
oesophagus

la gola
throat

i sistemi organici • body systems

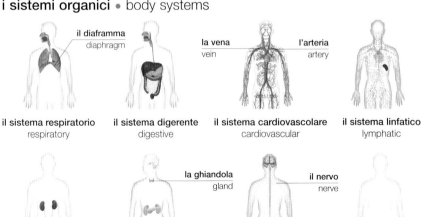

il diaframma
diaphragm

la vena
vein

l'arteria
artery

il sistema respiratorio
respiratory

il sistema digerente
digestive

il sistema cardiovascolare
cardiovascular

il sistema linfatico
lymphatic

la ghiandola
gland

il nervo
nerve

il sistema urinario
urinary

il sistema endocrino
endocrine

il sistema nervoso
nervous

il sistema riproduttivo
reproductive

gli organi riproduttivi • reproductive organs

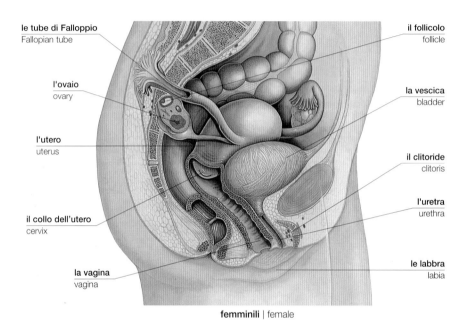

le tube di Falloppio
Fallopian tube

l'ovaio
ovary

l'utero
uterus

il collo dell'utero
cervix

la vagina
vagina

il follicolo
follicle

la vescica
bladder

il clitoride
clitoris

l'uretra
urethra

le labbra
labia

femminili | female

la riproduzione • reproduction

lo sperma
sperm

l'ovulo
egg

la fecondazione | fertilization

vocabolario • vocabulary

l'ormone hormone	impotente impotent	la mestruazione menstruation
l'ovulazione ovulation	fecondo fertile	il coito intercourse
sterile infertile	concepire conceive	la malattia venerea sexually transmitted disease

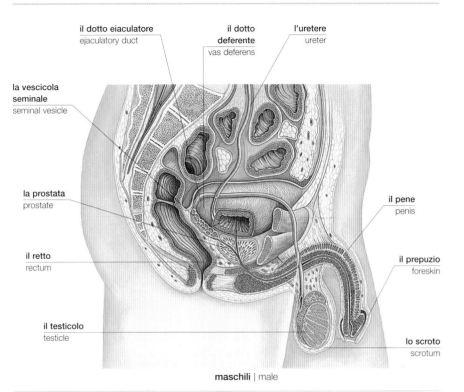

il dotto eiaculatore
ejaculatory duct

il dotto
deferente
vas deferens

l'uretere
ureter

la vescicola
seminale
seminal vesicle

la prostata
prostate

il pene
penis

il retto
rectum

il prepuzio
foreskin

il testicolo
testicle

lo scroto
scrotum

maschili | male

la contraccezione • contraception

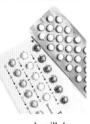

il pessario
cap

il diaframma
diaphragm

il preservativo
condom

la spirale
intrauterina
IUD

la pillola
pill

la famiglia • family

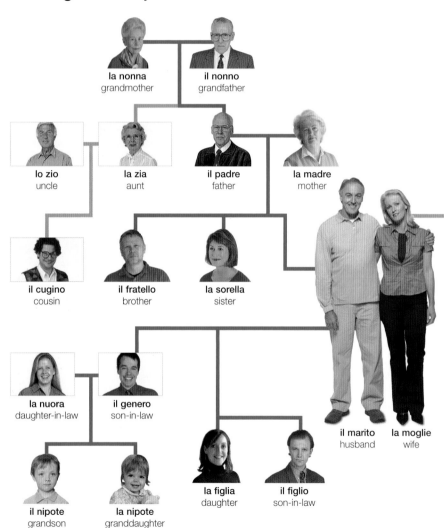

la nonna
grandmother

il nonno
grandfather

lo zio
uncle

la zia
aunt

il padre
father

la madre
mother

il cugino
cousin

il fratello
brother

la sorella
sister

la nuora
daughter-in-law

il genero
son-in-law

il marito
husband

la moglie
wife

il nipote
grandson

la nipote
granddaughter

la figlia
daughter

il figlio
son-in-law

vocabolario • vocabulary

i parenti relatives	**i genitori** parents	**i nipoti** grandchildren	**la matrigna** stepmother	**il figliastro** stepson	**la generazione** generation
i nonni grandparents	**i bambini** children	**il patrigno** stepfather	**la figliastra** stepdaughter	**il/la compagno/-a** partner	**i gemelli** twins

le fasi • stages

la suocera
mother-in-law

il suocero
father-in-law

il bimbo
baby

il bambino
child

il cognato
brother-in-law

la cognata
sister-in-law

il ragazzo
boy

la ragazza
girl

la nipote
niece

il nipote
nephew

Signora
Mrs

l'adolescente
teenager

l'adulto
adult

gli appellativi • titles

Signore
Mr

Signorina
Miss/Ms

l'uomo
man

la donna
woman

i rapporti • relationships

l'assistente
assistant

il capo
manager

la partner di affari
business partner

il datore di lavoro
employer

la dipendente
employee

il collega
colleague

l'ufficio | office

la vicina
neighbour

l'amico
friend

il conoscente
acquaintance

l'amico di penna
penfriend

il ragazzo
boyfriend

la ragazza
girlfriend

il fidanzato
fiancé

la fidanzata
fiancée

la coppia | couple

i fidanzati | engaged couple

le emozioni • emotions

il sorriso
smile

felice
happy

triste
sad

entusiasta
excited

annoiato
bored

sorpreso
surprised

spaventata
scared

aggrottare
le ciglia
frown

arrabiata
angry

confusa
confused

preoccupata
worried

nervosa
nervous

fieri
proud

sicura di sé
confident

imbarazzata
embarrassed

timida
shy

vocabolario • vocabulary

sbadigliare	**ridere**	**sospirare**	**adirato**
yawn (v)	laugh (v)	sigh (v)	upset
gridare	**svenire**	**piangere**	**scioccato**
shout (v)	faint (v)	cry (v)	shocked

gli avvenimenti della vita • life events

nascere
be born (v)

iniziare la scuola
start school (v)

fare amicizia
make friends (v)

laurearsi
graduate (v)

trovare un lavoro
get a job (v)

innamorarsi
fall in love (v)

sposarsi
get married (v)

avere un bambino
have a baby (v)

il matrimonio | wedding

il divorzio
divorce

il funerale
funeral

vocabolario • vocabulary

il battesimo
christening

il bar mitzvah
bar mitzvah

l'anniverario
anniversary

emigrare
emigrate (v)

andare in pensione
retire (v)

morire
die (v)

fare testamento
make a will (v)

il ricevimento nuziale
wedding reception

il viaggio di nozze
honeymoon

il certificato di nascita
birth certificate

le celebrazioni • celebrations

la festa di compleanno
birthday party

il biglietto d'auguri
card

il regalo
present

il compleanno
birthday

il Natale
Christmas

le feste • festivals

la Pasqua ebraica
Passover

il Capodanno
New Year

il carnevale
carnival

la processione
procession

il Ramadan
Ramadan

il nastro
ribbon

il Giorno del Ringraziamento
Thanksgiving

la Pasqua
Easter

la Festa di Halloween
Halloween

il Diwali
Diwali

l'aspetto
appearance

gli abiti per il bambino • children's clothing

il bimbo • baby

la tutina da neve
snowsuit

la canottiera
vest

il bottone automatico
popper

la tutina
babygro

il pigiamino
sleepsuit

il pagliaccetto
romper suit

il bavaglino
bib

i guanti
mittens

le scarpette
booties

il pannolino di spugna
terry nappy

il pannolino usa e getta
disposable nappy

le mutande di plastica
plastic pants

il bambino piccolo • toddler

la maglietta
T-shirt

la salopette
dungarees

il cappello per il sole
sunhat

i pantaloncini
shorts

la gonna
skirt

il grembiulino
apron

il bambino • child

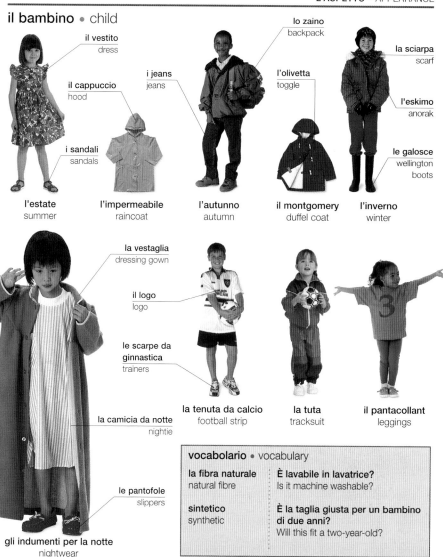

il vestito
dress

il cappuccio
hood

i jeans
jeans

i sandali
sandals

l'estate
summer

l'impermeabile
raincoat

lo zaino
backpack

l'autunno
autunno

l'olivetta
toggle

il montgomery
duffel coat

la sciarpa
scarf

l'eskimo
anorak

le galosce
wellington
boots

l'inverno
winter

la vestaglia
dressing gown

il logo
logo

le scarpe da
ginnastica
trainers

la camicia da notte
nightie

le pantofole
slippers

gli indumenti per la notte
nightwear

la tenuta da calcio
football strip

la tuta
tracksuit

il pantacollant
leggings

vocabolario • vocabulary

la fibra naturale natural fibre	È lavabile in lavatrice? Is it machine washable?
sintetico synthetic	È la taglia giusta per un bambino di due anni? Will this fit a two-year-old?

l'abbigliamento da uomo • men's clothing

il colletto
collar

la cravatta
tie

la cintura
belt

il risvolto
lapel

l'asola
buttonhole

il polsino
cuff

la giacca
jacket

il bottone
button

la tasca
pocket

i pantaloni
trousers

l'abito
business suit

l'impermeabile
raincoat

la fodera
lining

le scarpe
di cuoio
leather
shoes

vocabolario • vocabulary

il cardigan cardigan	la biancheria intima underwear	il cappotto coat
la tuta da sport tracksuit	l'accappatoio dressing gown	corto short
		lungo long

Ha una taglia più grande/più piccola?
Do you have this in a larger/smaller size?

Posso provarlo?
May I try this on?

il collo a V
V-neck

il girocollo
round neck

il blazer
blazer

la giacca sportiva
sports jacket

il gilet
waistcoat

la **maglietta**
T-shirt

il giaccone
anorak

la felpa
sweatshirt

la camicia
shirt

i jeans
jeans

il maglione
sweater

il pigiama
pyjamas

la canottiera
vest

il casual
casual wear

i calzoncini
shorts

lo slip
briefs

i boxer
boxer shorts

i calzini
socks

l'abbigliamento da donna • women's clothing

la giacca
jacket

la cucitura
seam

senza
spalline
strapless

senza
maniche
sleeveless

la manica
sleeve

alla caviglia
ankle length

la gonna
skirt

l'abito da sera
evening dress

il vestito
dress

la camicetta
blouse

i pantaloni
trousers

al ginocchio
knee-length

l'orlo
hem

le scarpe
shoes

formale
formal

casual
casual

la biancheria intima • lingerie

la spallina
strap

la vestaglia
dressing gown

la sottoveste
slip

il corpetto
camisole

i reggicalze
suspenders

il bustino
basque

la calza
stocking

il collant
tights

il reggiseno
bra

lo slip
knickers

**la camicia
da notte**
nightdress

il matrimonio • wedding

il pizzo
lace

il velo
veil

il bouquet
bouquet

lo strascico
train

l'abito da sposa
wedding dress

vocabolario • vocabulary

il busto corset	**la spallina** shoulder pad
la giarrettiera garter	**attillato** tailored
scollo all'Americana halter neck	**il reggiseno sportivo** sports bra
il girovita waistband	**con armatura** underwired

gli accessori • accessories

il berretto
cap

il cappello
hat

la sciarpa
scarf

la fibbia
buckle

la cintura
belt

il manico
handle

la punta
tip

il fazzoletto
handkerchief

la farfalla
bow tie

il fermacravatta
tie-pin

i guanti
gloves

l'ombrello
umbrella

i gioielli • jewellery

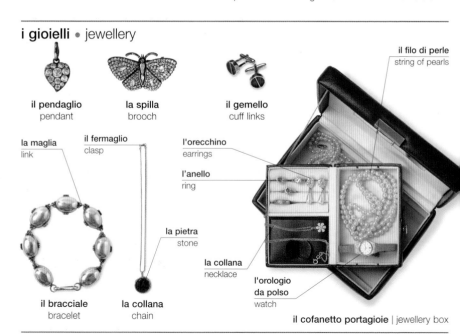

il pendaglio
pendant

la spilla
brooch

il gemello
cuff links

il filo di perle
string of pearls

la maglia
link

il fermaglio
clasp

l'orecchino
earrings

l'anello
ring

la pietra
stone

la collana
necklace

l'orologio
da polso
watch

il bracciale
bracelet

la collana
chain

il cofanetto portagioie | jewellery box

le borse • bags

la cinghia
fastening

la bretella
shoulder strap

i manici
handles

il portafoglio
wallet

il portamonete
purse

la borsa a tracolla
shoulder bag

la borsa da viaggio
holdall

la cartella
briefcase

la borsetta
handbag

lo zaino
backpack

le scarpe • shoes

il laccio
lace

la lingua
tongue

l'occhiello
eyelet

la suola
sole

la scarpa da trekking
walking boot

la scarpa da ginnastica
trainer

la scarpa con i lacci
lace-up

il tacco
heel

lo stivale
boot

l'infradito
flip-flop

la scarpa da uomo
brogue

la scarpa con il tacco alto
high-heeled shoe

la zeppa
wedge

il sandalo
sandal

il mocassino
slip-on

la ballerina
pump

i capelli • hair

il pettine
comb

pettinare
comb (v)

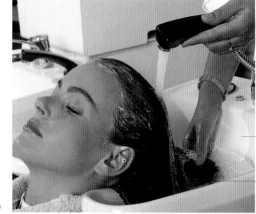

la parrucchiera
hairdresser

il lavandino
sink

la cliente
client

lavare | wash (v)

la spazzola
brush

spazzolare | brush (v)

sciacquare
rinse (v)

il grembiule
robe

tagliare
cut (v)

asciugare con il fon
blow dry (v)

mettere in piega
set (v)

gli accessori • accessories

l'asciugacapelli
hairdryer

lo shampoo
shampoo

il balsamo
conditioner

il gel
gel

la lacca
hairspray

l'arricciacapelli
curling tongs

le forbici
scissors

il cerchietto
hairband

la piastra per capelli
hair straighteners

la forcina
hairpin

le acconciature • styles

la coda di cavallo
ponytail

la treccia
plait

la piega alla francese
French pleat

la crocchia
bun

i codini
pigtails

il caschetto
bob

l'acconciatura corta
crop

ricci
curly

la permanente
perm

lisci
straight

le radici
roots

i colpi di sole
highlights

calvo
bald

la parrucca
wig

vocabolario • vocabulary

l'elastico hairtie	**grasso** greasy
spuntare trim (v)	**seccho** dry
il barbiere barber	**normale** normal
le doppie punte split ends	**il cuoio capelluto** scalp
la forfora dandruff	**lisciare** straighten (v)

i colori • colours

biondo
blonde

bruno
brunette

castano
auburn

rosso
ginger

nero
black

grigio
grey

bianco
white

tinto
dyed

la bellezza • beauty

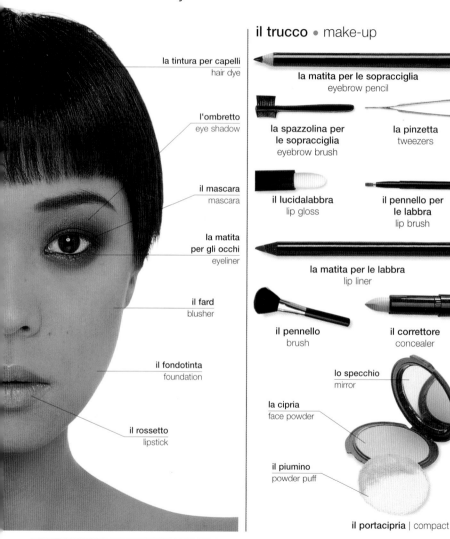

la tintura per capelli
hair dye

l'ombretto
eye shadow

il mascara
mascara

la matita
per gli occhi
eyeliner

il fard
blusher

il fondotinta
foundation

il rossetto
lipstick

il trucco • make-up

la matita per le sopracciglia
eyebrow pencil

la spazzolina per
le sopracciglia
eyebrow brush

la pinzetta
tweezers

il lucidalabbra
lip gloss

il pennello per
le labbra
lip brush

la matita per le labbra
lip liner

il pennello
brush

il correttore
concealer

lo specchio
mirror

la cipria
face powder

il piumino
powder puff

il portacipria | compact

i trattamenti di bellezza •
beauty treatments

la maschera
di bellezza
face pack

il lettino solare
sunbed

il trattamento
per il viso
facial

esfoliare
exfoliate (v)

la depilazione
wax

la pedicure
pedicure

gli articoli da toilette • toiletries

il latte
detergente
cleanser

la lozione
tonificante
toner

la crema
idratante
moisturizer

la crema
autoabbronzante
self-tanning cream

il
profumo
perfume

l'acqua di
colonia
eau de toilette

la manicure • manicure

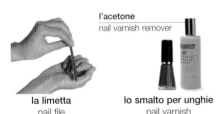

l'acetone
nail varnish remover

la limetta
nail file

lo smalto per unghie
nail varnish

le forbicine
per le unghie
nail scissors

il
tagliaunghie
nail clippers

vocabolario • vocabulary

chiaro fair	grasso oily	l'abbronzatura tan
scuro dark	sensibile sensitive	il tatuaggio tattoo
secco dry	ipoallergenico hypoallergenic	antirughe antiwrinkle
la carnagione complexion	la tonalità shade	i batuffoli di ovatta cotton balls

la salute
health

la malattia • illness

la febbre | fever

il mal di testa
headache

l'epistassi
nosebleed

la tosse
cough

lo starnuto
sneeze

il raffreddore
cold

l'influenza
flu

l'inalatore
inhaler

l'asma
asthma

i crampi
cramps

la nausea
nausea

la varicella
chickenpox

lo sfogo
rash

---

vocabolario • vocabulary

l'infarto heart attack	**il diabete** diabetes	**l'eczema** eczema	**l'infreddatura** chill	**vomitare** vomit (v)	**la diarrea** diarrhoea
l'apoplessia stroke	**l'allergia** allergy	**l'infezione** infection	**svenire** faint (v)	**l'epilessia** epilepsy	**il morbillo** measles
la pressione sanguigna blood pressure	**il reffredore da fieno** hay fever	**il virus** virus	**il mal di stomaco** stomach ache	**l'emicrania** migraine	**gli orecchioni** mumps

---

il medico • doctor
la visita • consultation

l'infermiera
nurse

il medico
doctor

il negatoscopio
x-ray viewer

la ricetta
prescription

la paziente
patient

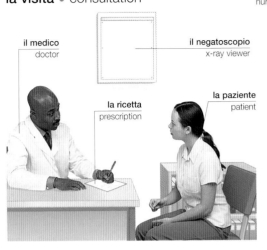

la bilancia
scales

il manicotto
cuff

il misuratore elettronico
della pressione
electric blood pressure monitor

vocabolario • vocabulary

l'appuntamento appointment	**l'inoculazione** inoculation
l'ambulatorio surgery	**il termometro** thermometer
la sala d'attesa waiting room	**la visita medica** medical examination

Ho bisogno di vedere un medico.
I need to see a doctor.

Ho un dolore qui.
It hurts here.

la ferita • injury

la slogatura | sprain

**la fascia
a tracolla**
sling

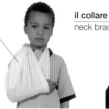

la frattura
fracture

il collare
neck brace

il colpo di frusta
whiplash

il taglio
cut

la sbucciatura
graze

il livido
bruise

la scheggia
splinter

la scottatura
sunburn

l'ustione
burn

il morso
bite

la puntura
sting

---

vocabolario • vocabulary

l'incidente accident	l'emorragia haemorrhage	la commozione cerebrale concussion	**Si rimetterà?** Will he/she be all right?
l'emergenza emergency	la vescica blister	la ferita alla testa head injury	**Chiami un'ambulanza, per favore.** Please call an ambulance.
la ferita wound	l'avvelenamento poisoning	la scossa elettrica electric shock	**Dove le fa male?** Where does it hurt?

il pronto soccorso • first aid

la pomata
ointment

il cerotto
plaster

la spilla da balia
safety pin

la benda
bandage

gli antidolorifici
painkillers

la salvietta antisettica
antiseptic wipe

la pinzetta
tweezers

le forbici
scissors

il disinfettante
antiseptic

la cassetta di pronto soccorso | first-aid box

la garza
gauze

la bendatura
dressing

la stecca
splint

il nastro adesivo
adhesive tape

la rianimazione
resuscitation

vocabolario • vocabulary

lo shock shock	**sterile** sterile	**soffocare** choke (v)	**Può aiutarmi?** Can you help?
privo di sensi unconscious	**la respirazione** breathing	**la pulsazione** pulse	**Sa dare pronto soccorso?** Do you know first aid?

l'ospedale • hospital

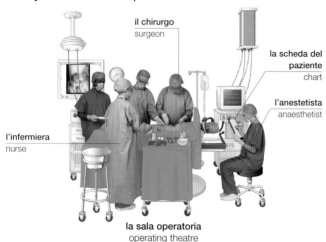

il chirurgo
surgeon

l'infermiera
nurse

la scheda del paziente
chart

l'anestetista
anaesthetist

la sala operatoria
operating theatre

l'analisi del sangue
blood test

l'iniezione
injection

la radiografia
x-ray

l'ecografia
scan

la lettiga
trolley

il pronto soccorso
emergency room

il pulsante di chiamata
call button

il reparto
ward

la sedia a rotelle
wheelchair

vocabolario • vocabulary

l'operazione operation	dimesso discharged	l'orario delle visite visiting hours	il reparto maternità maternity ward	il paziente ambulatoriale outpatient
ricoverato admitted	la clinica clinic	il reparto pediatrico children's ward	la camera privata private room	il reparto di cura intensiva intensive care unit

i reparti • departments

l'otorinolaringologia
ENT

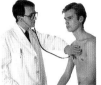
la cardiologia
cardiology

l'ortopedia
orthopaedics

la ginecologia
gynaecology

la fisioterapia
physiotherapy

la dermatologia
dermatology

la pediatria
paediatrics

la radiologia
radiology

la chirurgia
surgery

la maternità
maternity

la psichiatria
psychiatry

l'oftalmologia
ophthalmology

---

vocabolario • vocabulary

la neurologia neurology	**l'urologia** urology	**l'analisi** test	**la patologia** pathology	**il risultato** result
l'oncologia oncology	**l'endocrinologia** endocrinology	**lo specialista** consultant	**la chirurgia plastica** plastic surgery	**la richiesta di visita specialista** referral

---

il dentista • dentist

il dente • tooth

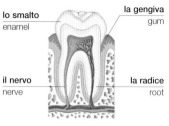

lo smalto
enamel

la gengiva
gum

il nervo
nerve

la radice
root

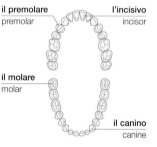

il premolare
premolar

l'incisivo
incisor

il molare
molar

il canino
canine

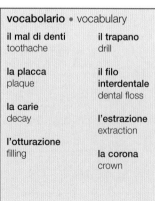

il controllo • checkup

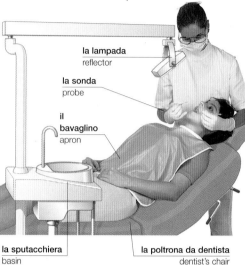

la lampada
reflector

la sonda
probe

il bavaglino
apron

la sputacchiera
basin

la poltrona da dentista
dentist's chair

---

vocabolario • vocabulary

il mal di denti toothache	**il trapano** drill
la placca plaque	**il filo interdentale** dental floss
la carie decay	**l'estrazione** extraction
l'otturazione filling	**la corona** crown

usare il filo
interdentale
floss (v)

spazzolare
brush (v)

l'apparecchio
correttore
braces

la radiografia
dentale
dental x-ray

la radiografia
x-ray film

la dentiera
dentures

---

l'oculista • optician

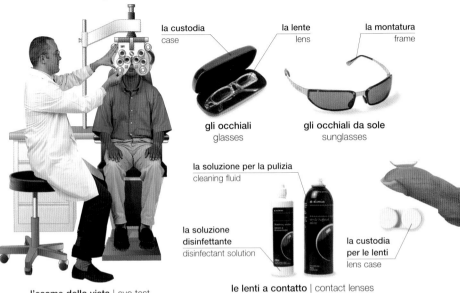

la custodia
case

la lente
lens

la montatura
frame

gli occhiali
glasses

gli occhiali da sole
sunglasses

la soluzione per la pulizia
cleaning fluid

la soluzione
disinfettante
disinfectant solution

la custodia
per le lenti
lens case

l'esame della vista | eye test

le lenti a contatto | contact lenses

l'occhio • eye

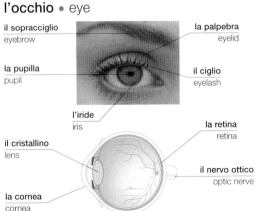

il sopracciglio
eyebrow

la palpebra
eyelid

la pupilla
pupil

il ciglio
eyelash

l'iride
iris

la retina
retina

il cristallino
lens

il nervo ottico
optic nerve

la cornea
cornea

vocabolario • vocabulary	
la vista vision	**l'astigmatismo** astigmatism
la diottria diopter	**la presbiopia** long sight
la lacrima tear	**la miopia** short sight
la cataratta cataract	**bifocale** bifocal

la gravidanza • pregnancy

il test di gravidanza
pregnancy test

l'ecografia
scan

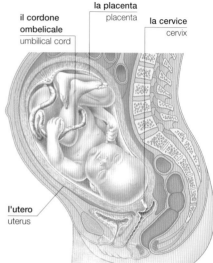

il cordone ombelicale
umbilical cord

la placenta
placenta

la cervice
cervix

l'utero
uterus

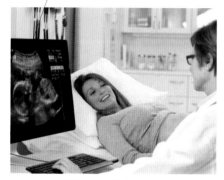

l'ultrasuono | ultrasound

il feto | foetus

vocabolario • vocabulary

l'ovulazione ovulation	**prenatale** antenatal	**l'utero** womb	**la dilatazione** dilation	**i punti** stitches	**il parto podalico** breech birth
il concepimento conception	**il trimestre** trimester	**l'amniocentesi** amniocentesis	**l'epidurale** epidural	**il parto** delivery	**prematuro** premature
incinta pregnant	**l'embrione** embryo	**la contrazione** contraction	**l'episiotomia** episiotomy	**la nascita** birth	**il ginecologo** gynaecologist
in stato interessante expectant	**il liquido amniotico** amniotic fluid	**rompere le acque** break waters (v)	**il taglio cesareo** caesarean section	**l'aborto spontaneo** miscarriage	**l'ostetrico** obstetrician

il parto • childbirth

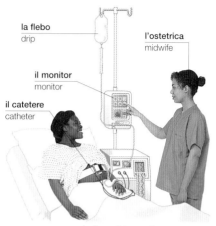

la flebo
drip

l'ostetrica
midwife

il monitor
monitor

il catetere
catheter

indurre il travaglio
induce labour (v)

l'incubatrice | incubator

il peso alla nascita
birth weight

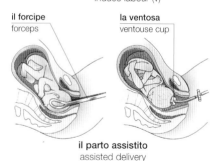

il forcipe
forceps

la ventosa
ventouse cup

il parto assistito
assisted delivery

la targhetta d'identità
identity tag

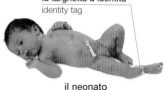

il neonato
newborn baby

l'allattamento • nursing

la pompa tiralatte
breast pump

il reggiseno da
allattamento
nursing bra

allattare al seno
breastfeed (v)

le coppe
pads

le terapie alternative • alternative therapy

la posizione yoga
yoga pose

il tappetino
mat

lo yoga | yoga

il massaggio
massage

lo shiatsu
shiatsu

la chiropratica
chiropractic

l'osteopatia
osteopathy

la riflessologia
reflexology

la meditazione
meditation

l'assistente
socio-psicologico
counsellor

il reiki
reiki

l'agopuntura
acupuncture

la terapia di gruppo
group therapy

la medicina aiurvedica
ayurveda

l'ipnositerapia
hypnotherapy

gli oli essenziali
essential oils

la fitoterapia
herbalism

l'aromaterapia
aromatherapy

l'omeopatia
homeopathy

l'agopressione
acupressure

la terapista
therapist

la psicoterapia
psychotherapy

vocabolario • vocabulary

la cristalloterapia crystal healing	**la naturopatia** naturopathy	**il rilassamento** relaxation	**l'erba** herb
l'idroterapia hydrotherapy	**il feng shui** feng shui	**lo stress** stress	**l'integratore alimentare** supplement

la casa
home

la casa • house

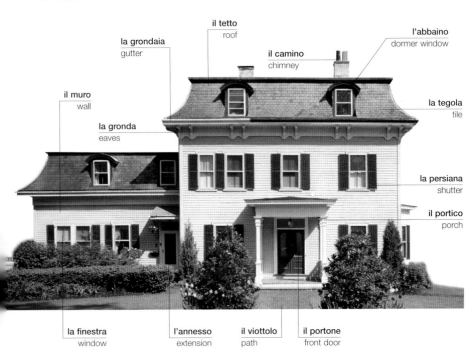

il tetto
roof

la grondaia
gutter

il camino
chimney

l'abbaino
dormer window

il muro
wall

la tegola
tile

la gronda
eaves

la persiana
shutter

il portico
porch

la finestra
window

l'annesso
extension

il viottolo
path

il portone
front door

vocabolario • vocabulary

unifamiliare detached	**la casa di città** townhouse	**il garage** garage	**il piano** floor	**il seminterrato** basement	**affittare** rent (v)
bifamiliare semidetached	**il bungalow** bungalow	**la soffitta** attic	**il cortile** courtyard	**la stanza** room	**l'affitto** rent
a schiera terraced	**l'allarme antifurto** burglar alarm	**la cassetta per le lettere** letterbox	**la luce del portico** porch light	**il padrone di casa** landlord	**l'inquilino** tenant

l'ingresso • entrance

il corrimano
hand rail

il pianerottolo
landing

la ringhiera
banister

la scala
staircase

l'entrata
hallway

il campanello
doorbell

lo zerbino
doormat

il battente
door knocker

la catenella
door chain

la chiave
key

la serratura
lock

il chiavistello
bolt

l'appartamento • flat

il balcone
balcony

il caseggiato
block of flats

il citofono
intercom

l'ascensore
lift

i sistemi interni • internal systems

la pala
blade

il ventilatore
fan

il termoventilatore
convector heater

il calorifero
radiator

la stufa
heater

l'elettricità • electricity

la messa a terra
earthing

il polo
pin

neutro
neutral

in tensione
live

la lampadina a risparmio energetico
energy-saving bulb

la spina
plug

i fili
wires

---

vocabolario • vocabulary

la tensione voltage	il fusibile fuse	la presa socket	il generatore generator	il trasformatore transformer
l'ampere amp	la valvoliera fuse box	l'interruttore switch	l'elettricità power	la rete elettrica mains supply
l'interruzione di corrente power cut	la corrente continua direct current	la corrente alternata alternating current	il contatore di corrente electricity meter	

---

l'impianto idraulico • plumbing

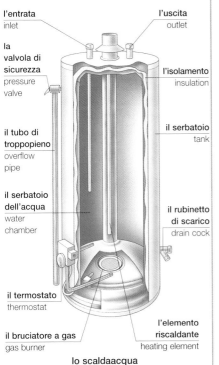

l'entrata
inlet

l'uscita
outlet

la valvola di sicurezza
pressure valve

l'isolamento
insulation

il tubo dell'acqua
supply pipe

il tubo di troppopieno
overflow pipe

il serbatoio
tank

il serbatoio dell'acqua
water chamber

il rubinetto di scarico
drain cock

il termostato
thermostat

il bruciatore a gas
gas burner

l'elemento riscaldante
heating element

lo scaldaacqua
boiler

l'acquaio • sink

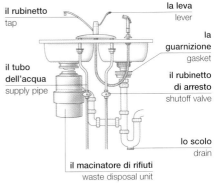

il rubinetto
tap

la leva
lever

la guarnizione
gasket

il tubo dell'acqua
supply pipe

il rubinetto di arresto
shutoff valve

lo scolo
drain

il macinatore di rifiuti
waste disposal unit

il water • toilet

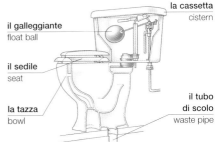

la cassetta
cistern

il galleggiante
float ball

il sedile
seat

la tazza
bowl

il tubo di scolo
waste pipe

lo smaltimento dei rifiuti • waste disposal

la bottiglia
bottle

il contenitore di riciclaggio
recycling bin

il coperchio
lid

il pedale
pedal

la pattumiera
rubbish bin

l'unità di smistamento
sorting unit

i rifiuti organici
organic waste

il salotto • living room

l'applique
wall light

il caminetto
fireplace

il soffitto
ceiling

il vaso
vase

il cuscino
cushion

la lampada
lamp

il tavolino
coffee table

il divano
sofa

il pavimento
floor

la cornice
frame

la tenda
curtain

la tendina
net curtain

la veneziana
Venetian blinds

l'avvolgibile
roller blind

il quadro
painting

la cornice
moulding

la poltrona
armchair

la libreria
bookshelf

il divano letto
sofa bed

il tappeto
rug

lo studio | study

la sala da pranzo • dining room

il pepe
pepper

il sale
salt

il tavolo
table

i piatti
crockery

le posate
cutlery

la sedia
chair

lo schienale
back

il sedile
seat

la gamba
leg

vocabolario • vocabulary

servire serve (v)	**la colazione** breakfast	**il pranzo** lunch	**sazio** full	**affamato** hungry
mangiare eat (v)	**la tovaglia** tablecloth	**la cena** dinner	**il pasto** meal	**l'ospite** guest
apparecchiare lay the table (v)	**lo set da tavola** place mat	**la porzione** portion	**il padrone di casa** host	**la padrona di casa** hostess

Posso averne ancora, per favore?
Can I have some more, please?

Sono sazio, grazie.
I've had enough, thank you.

Era squisito.
That was delicious.

le stoviglie e le posate • crockery and cutlery

la tazza
mug

la tazzina da caffè
coffee cup

il cucchiaino
teaspoon

la tazza da tè
teacup

il piatto
plate

la ciotola
bowl

la caffettiera
cafetière

la teiera
teapot

la brocca
jug

il portauovo
egg cup

il calice da vino
wine glass

il bicchiere
tumbler

la cristalleria
glassware

il portatovagliolo
napkin ring

il piattino
side plate

il piatto
piano
dinner plate

il piatto
fondo
soup bowl

il cucchiaio da
minestra
soup spoon

la forchetta
fork

il tovagliolo
napkin

il coperto
place setting

il cucchiaio
spoon

il coltello
knife

la cucina • kitchen

la cappa
extractor

la mensola
shelves

il fornello
di ceramica
ceramic hob

l'alzatina
paraspruzzi
splashback

il rubinetto
tap

il piano
di lavoro
worktop

il lavandino
sink

il forno
oven

il cassetto
drawer

l'armadietto
cabinet

gli elettrodomestici • appliances

il recipiente
mixing bowl

il coperchio
lid

il forno a microonde
microwave oven

la lama
blade

il bollitore
kettle

il tostapane
toaster

il tritatutto
food processor

il frullatore
blender

la lavastoviglie
dishwasher

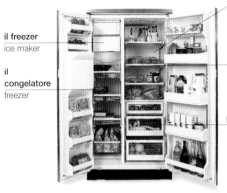

il freezer
ice maker

il
congelatore
freezer

il frigorifero
refrigerator

la mensola
shelf

il cassetto
per la verdura
crisper

il frigocongelatore | fridge-freezer

vocabolario • vocabulary

il piano di
cottura
hob

lo scolapiatti
draining board

il fornello
burner

la pattumiera
rubbish bin

congelare
freeze (v)

scongelare
defrost (v)

cuocere al
vapore
steam (v)

rosolare
sauté (v)

cucinare • cooking

sbucciare
peel (v)

affettare
slice (v)

grattugiare
grate (v)

versare
pour (v)

mescolare
mix (v)

sbattere
whisk (v)

bollire
boil (v)

friggere
fry (v)

spianare
roll (v)

rimestare
stir (v)

**cuocere a
fuoco lento**
simmer (v)

affogare
poach (v)

cuocere al forno
bake (v)

arrostire
roast (v)

**cuocere alla
griglia**
grill (v)

gli utensili da cucina • kitchenware

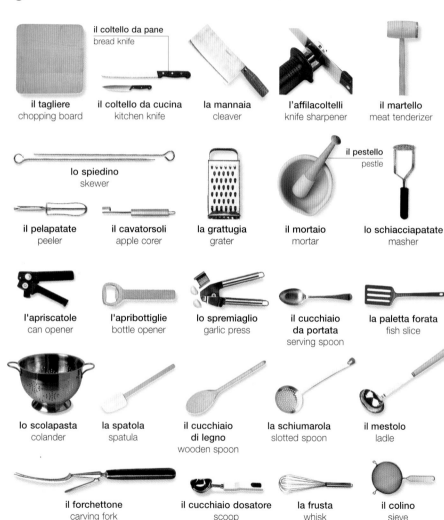

il coltello da pane
bread knife

il tagliere
chopping board

il coltello da cucina
kitchen knife

la mannaia
cleaver

l'affilacoltelli
knife sharpener

il martello
meat tenderizer

lo spiedino
skewer

il pestello
pestle

il pelapatate
peeler

il cavatorsoli
apple corer

la grattugia
grater

il mortaio
mortar

lo schiacciapatate
masher

l'apriscatole
can opener

l'apribottiglie
bottle opener

lo spremiaglio
garlic press

**il cucchiaio
da portata**
serving spoon

la paletta forata
fish slice

lo scolapasta
colander

la spatola
spatula

**il cucchiaio
di legno**
wooden spoon

la schiumarola
slotted spoon

il mestolo
ladle

il forchettone
carving fork

il cucchiaio dosatore
scoop

la frusta
whisk

il colino
sieve

il coperchio
lid

antiaderente
non-stick

la padella
frying pan

la pentola
saucepan

la padella per grigliare
grill pan

il wok
wok

la casseruola di terracotta
earthenware dish

di vetro
glass

pirofilo
ovenproof

la scodella
mixing bowl

lo stampo per soufflé
soufflé dish

il piatto da gratin
gratin dish

lo stampo
ramekin

la casseruola
casserole dish

la cottura dei dolci • baking cakes

la bilancia
scales

il misurino
measuring jug

lo stampo per dolci
cake tin

lo stampo per torte
pie tin

lo stampo per flan
flan tin

il pennello da cucina
pastry brush

il matterello
rolling pin

la tasca da pasticciere
piping bag

la teglia per pasticcini
muffin tray

la piastra del forno
baking tray

la gratella
cooling rack

il guanto da forno
oven glove

il grembiule
apron

la camera da letto • bedroom

l'armadio
wardrobe

l'abat-jour
bedside lamp

la testata
headboard

il comodino
bedside table

il cassettone
chest of drawers

il cassetto	il letto	il materasso	il copriletto	il guanciale
drawer	bed	mattress	bedspread	pillow

la borsa calda
hot-water bottle

la radiosveglia
clock radio

la sveglia
alarm clock

**la scatola di
fazzolettini**
box of tissues

la gruccia
coat hanger

la biancheria da letto • bed linen

lo specchio
mirror

la toeletta
dressing
table

il pavimento
floor

la federa
pillowcase

il lenzuolo
sheet

il volant
valance

il piumone
duvet

la trapunta
quilt

la coperta
blanket

vocabolario • vocabulary

la termocoperta electric blanket	**molle del letto** bedspring	**l'insonnia** insomnia	**svegliarsi** wake up (v)	**mettere la sveglia** set the alarm (v)
il letto singolo single bed	**il tappeto** carpet	**andare a letto** go to bed (v)	**alzarsi** get up (v)	**russare** snore (v)
il letto matrimoniale double bed	**i piedi del letto** footboard	**addormentarsi** go to sleep (v)	**fare il letto** make the bed (v)	**l'armadio a muro** built-in wardrobe

la stanza da bagno • bathroom

la porta
della doccia
shower door

il rubinetto
dell'acqua fredda
cold tap

il rubinetto
dell'acqua
calda
hot tap

il soffione
della doccia
shower head

il portasciugamani
towel rail

il lavandino
washbasin

il tappo
plug

la doccia
shower

lo scolo
drain

il sedile
toilet seat

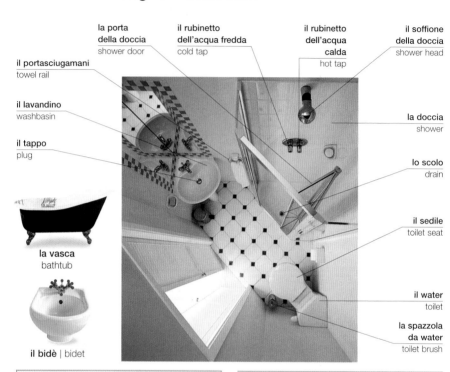

la vasca
bathtub

il water
toilet

la spazzola
da water
toilet brush

il bidè | bidet

---

vocabolario • vocabulary

la carta igienica
toilet roll

lo scendibagno
bath mat

**l'armadietto dei
medicinali**
medicine cabinet

la tenda da doccia
shower curtain

farsi la doccia
take a shower (v)

farsi il bagno
take a bath (v)

l'igiene dentale • dental hygiene

lo spazzolino da denti
toothbrush

il filo
interdentale
dental floss

il dentifricio
toothpaste

il collutorio
mouthwash

la spugna
sponge

la pomice
pumice stone

la spazzola
back brush

il deodorante
deodorant

il portasapone
soap dish

la docciaschiuma
shower gel

il sapone
soap

la crema per il viso
face cream

il bagnoschiuma
bubble bath

l'asciugamano
piccolo
hand towel

l'asciugamano
grande
bath towel

gli asciugamani
towels

la lozione per il corpo
body lotion

il talco
talcum powder

l'accappatoio
bathrobe

la rasatura • shaving

il rasoio
elettrico
electric razor

la schiuma da barba
shaving foam

il rasoio monouso
disposable razor

la lametta
razor blade

il dopobarba
aftershave

la camera dei bambini • nursery

l'igiene del neonato • baby care

la pomata antirossore
nappy rash cream

la spugna
sponge

la salviettina umidificata
wet wipe

la vaschetta
baby bath

il vasino
potty

il materassino
changing mat

dormire • sleeping

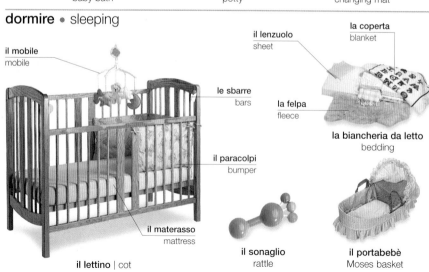

il mobile
mobile

le sbarre
bars

il paracolpi
bumper

il materasso
mattress

il lettino | cot

il lenzuolo
sheet

la coperta
blanket

la felpa
fleece

la biancheria da letto
bedding

il sonaglio
rattle

il portabebè
Moses basket

il gioco • playing

la bambola
doll

il peluche
soft toy

la casa delle bambole
doll's house

la casa da gioco
playhouse

l'orsacchiotto
teddy bear

il giocattolo
toy

la palla
ball

il cesto dei giocattoli
toy basket

il box
playpen

la sicurezza • safety

il fermo di
sicurezza
child lock

l'interfono
baby monitor

lo sbarramento
stair gate

il pasto • eating

il seggiolone
high chair

la tettarella
teat

la tazza
per bere
drinking cup

il biberon
bottle

la passeggiata • going out

il passeggino
pushchair

la capote
hood

la carrozzina
pram

il pannolino
nappy

la culla portatile
carrycot

la borsa per il cambio
changing bag

il marsupio
baby sling

la lavanderia • utility room

il bucato • laundry

i panni sporchi
dirty washing

i vestiti puliti
clean clothes

il cesto della biancheria da lavare
laundry basket

la lavatrice
washing machine

la lavasciuga
washer-dryer

l'asciugabiancheria
tumble dryer

il cesto della biancheria pulita
linen basket

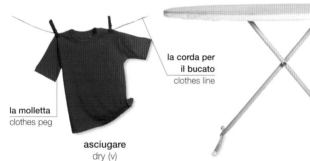

la corda per il bucato
clothes line

la molletta
clothes peg

asciugare
dry (v)

il ferro da stiro
iron

l'asse da stiro | ironing board

---

vocabolario • vocabulary

caricare load (v)	**centrifugare** spin (v)	**stirare** iron (v)	**Come funziona la lavatrice?** How do I operate the washing machine?
sciacquare rinse (v)	**la centrifuga** spin dryer	**l'ammorbidente** fabric conditioner	**Qual è il programma per i tessuti colorati/bianchi?** What is the setting for coloureds/whites?

gli accessori per la pulizia • cleaning equipment

il tubo di aspirazione
suction hose

la spazzola
brush

la paletta
dust pan

la candeggina
bleach

il secchio
bucket

la polvere
powder

liquido
liquid

lo spolverino
duster

l'aspirapolvere
vacuum cleaner

la scopa lavapavimenti
mop

il detersivo
detergent

la cera
polish

le attività • activities

pulire
clean (v)

lavare
wash (v)

asciugare
wipe (v)

fregare
scrub (v)

raschiare
scrape (v)

la scopa
broom

spazzare
sweep (v)

spolverare
dust (v)

lucidare
polish (v)

il laboratorio • workshop

il gattuccio
jigsaw

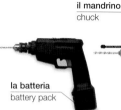

il mandrino
chuck

la batteria
battery pack

il trapano ricaricabile
cordless drill

la punta
drill bit

il trapano elettrico
electric drill

la pistola per colla
glue gun

la morsa
vice

il morsetto
clamp

la levigatrice
sander

la lama
blade

la sega circolare
circular saw

il banco da lavoro
workbench

la colla da legno
wood glue

la contornitrice
router

i trucioli
wood shavings

la rastrelliera
per gli arnesi
tool rack

il girabacchino
bit brace

la prolunga
extension lead

italiano • english

le tecniche • techniques

tagliare
cut (v)

segare
saw (v)

forare
drill (v)

martellare
hammer (v)

piallare
plane (v)

tornire
turn (v)

la lega per saldatura
solder

incidere
carve (v)

saldare
solder (v)

i materiali • materials

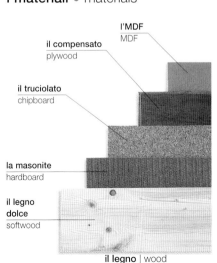

l'MDF
MDF

il compensato
plywood

il truciolato
chipboard

la masonite
hardboard

il legno dolce
softwood

il legno duro
hardwood

il legno | wood

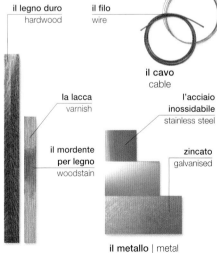

il filo
wire

il cavo
cable

la lacca
varnish

il mordente per legno
woodstain

l'acciaio inossidabile
stainless steel

zincato
galvanised

il metallo | metal

la scatola degli attrezzi • toolbox

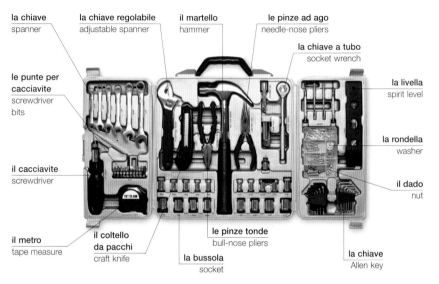

la chiave
spanner

la chiave regolabile
adjustable spanner

il martello
hammer

le pinze ad ago
needle-nose pliers

la chiave a tubo
socket wrench

le punte per cacciavite
screwdriver bits

la livella
spirit level

la rondella
washer

il cacciavite
screwdriver

il dado
nut

il metro
tape measure

il coltello da pacchi
craft knife

le pinze tonde
bull-nose pliers

la bussola
socket

la chiave
Allen key

le punte • drill bits

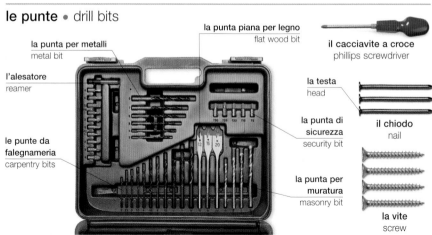

la punta per metalli
metal bit

la punta piana per legno
flat wood bit

il cacciavite a croce
phillips screwdriver

l'alesatore
reamer

la testa
head

le punte da falegnameria
carpentry bits

la punta di sicurezza
security bit

il chiodo
nail

la punta per muratura
masonry bit

la vite
screw

la pinza spelafilo
wire strippers

la pinza tagliafilo
wire cutters

il saldatoio
soldering iron

il nastro
isolante
insulating
tape

le lega per
saldatura
solder

il bisturi
scalpel

la sega da traforo
fretsaw

la sega per tenoni | tenon saw

gli occhiali
protettivi
safety goggles

la pialla
plane

la cassetta guidalama
per ugnature
mitre block

il seghetto
handsaw

il trapano
manuale
hand drill

la lana
d'acciaio
wire wool

la carta vetrata
sandpaper

il seghetto per metalli
hacksaw

la chiave inglese
wrench

lo scalpello
chisel

lo sturalavandini
plunger

la lima
file

l'affilatore
sharpening stone

il tagliatubi | pipe cutter

la decorazione • decorating

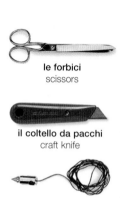

le forbici
scissors

il coltello da pacchi
craft knife

il filo a piombo
plumb line

la spatola
scraper

il decoratore
decorator

la carta da
parati
wallpaper

la scaletta
stepladder

la spazzola
wallpaper brush

il tavolo
da lavoro
pasting table

il pennello
da colla
pasting brush

la colla
da parati
wallpaper paste

il secchio
bucket

tappezzare | wallpaper (v)

staccare
strip (v)

stuccare
fill (v)

scartavetrare
sand (v)

intonacare | plaster (v)

incollare | hang (v)

piastrellare | tile (v)

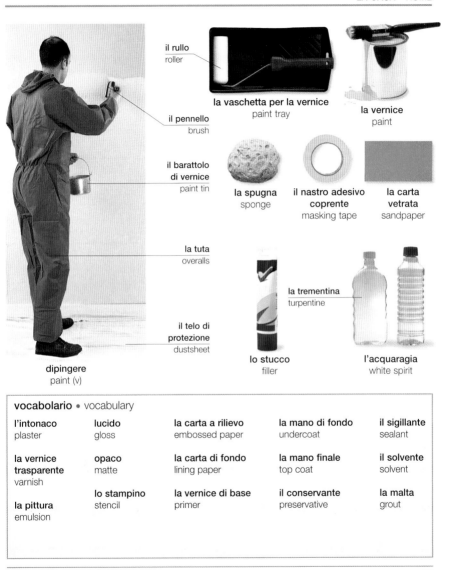

il rullo
roller

la vaschetta per la vernice
paint tray

la vernice
paint

il pennello
brush

il barattolo
di vernice
paint tin

la spugna
sponge

il nastro adesivo
coprente
masking tape

la carta
vetrata
sandpaper

la tuta
overalls

la trementina
turpentine

il telo di
protezione
dustsheet

lo stucco
filler

l'acquaragia
white spirit

dipingere
paint (v)

vocabolario • vocabulary

l'intonaco plaster	**lucido** gloss	**la carta a rilievo** embossed paper	**la mano di fondo** undercoat	**il sigillante** sealant
la vernice trasparente varnish	**opaco** matte	**la carta di fondo** lining paper	**la mano finale** top coat	**il solvente** solvent
la pittura emulsion	**lo stampino** stencil	**la vernice di base** primer	**il conservante** preservative	**la malta** grout

il giardino • garden

i tipi di giardino • garden styles

il giardino a patio
patio garden

il giardino all'italiana | formal garden

il giardino all'inglese
cottage garden

il giardino di erbe
herb garden

il giardino pensile
roof garden

il giardino di pietra
rock garden

il cortile
courtyard

il giardino acquatico
water garden

il cesto sospeso
hanging basket

il graticcio
trellis

la pergola
pergola

la pavimentazione
paving

il sentiero
path

la concimaia
compost heap

l'aiuola
flowerbed

il cancello
gate

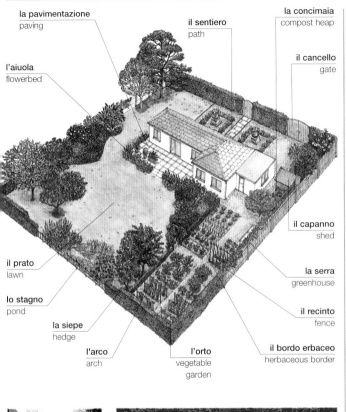

lo strato
superficiale
topsoil

la sabbia
sand

il capanno
shed

il prato
lawn

la serra
greenhouse

il calcare
chalk

lo stagno
pond

il recinto
fence

la siepe
hedge

l'arco
arch

l'orto
vegetable
garden

il bordo erbaceo
herbaceous border

il limo
silt

il tavolato
decking

la fontana | fountain

l'argilla
clay

le piante da giardino • garden plants

i tipi di piante • types of plants

annuale
annual

biennale
biennial

perenne
perennial

il bulbo
bulb

la felce
fern

il giunco
rush

il bambù
bamboo

le erbacce
weeds

l'erba aromatica
herb

la pianta acquatica
water plant

l'albero
tree

la palma
palm

la conifera
conifer

sempreverde
evergreen

a foglie caduche
deciduous

l'arte topiaria
topiary

le piante da roccia
alpine

la pianta grassa
succulent

il cactus
cactus

la pianta da vaso
potted plant

la pianta d'ombra
shade plant

il rampicante
climber

**l'arbusto
da fiore**
flowering shrub

**la pianta
copriterreno**
ground cover

la pianta strisciante
creeper

ornamentale
ornamental

l'erba
grass

gli attrezzi da giardino • garden tools

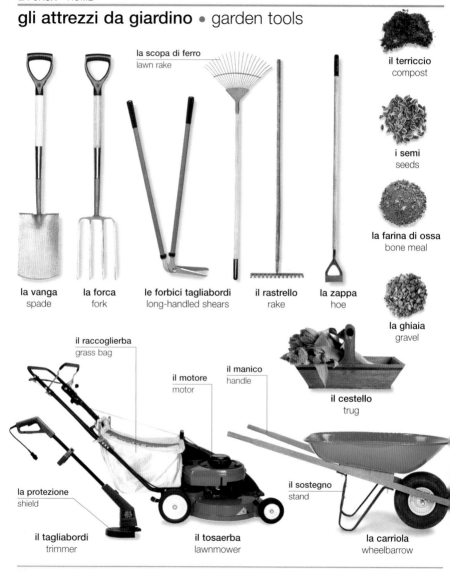

la scopa di ferro
lawn rake

il terriccio
compost

i semi
seeds

la farina di ossa
bone meal

la ghiaia
gravel

la vanga
spade

la forca
fork

le forbici tagliabordi
long-handled shears

il rastrello
rake

la zappa
hoe

il raccoglierba
grass bag

il motore
motor

il manico
handle

il cestello
trug

la protezione
shield

il tagliabordi
trimmer

il tosaerba
lawnmower

il sostegno
stand

la carriola
wheelbarrow

la forca
hand fork

la cesoia
secateurs

i guanti da giardinaggio
gardening gloves

la paletta
trowel

il refe
twine

le etichette
labels

la lama
blade

il semenzaio
seed tray

le fettucce
twist ties

gli anelli
ring ties

le forbici da giardino
shears

le canne
canes

il setaccio
sieve

la sega
hand saw

il pesticida
pesticide

il vaso da fiori
plant pot

le galosce
rubber boots

l'annaffiatura • watering

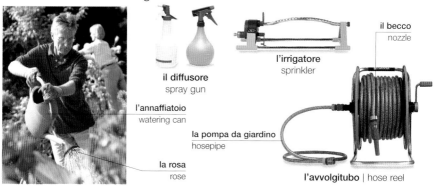

il diffusore
spray gun

l'irrigatore
sprinkler

il becco
nozzle

l'annaffiatoio
watering can

la pompa da giardino
hosepipe

la rosa
rose

l'avvolgitubo | hose reel

il giardinaggio • gardening

il prato
lawn

l'aiuola
flowerbed

il tosaerba
lawnmower

la siepe
hedge

il tutore
stake

tagliare l'erba | mow (v)

ricoprire di zolle erbose
turf (v)

inforcare
spike (v)

rastrellare
rake (v)

spuntare
trim (v)

scavare
dig (v)

seminare
sow (v)

concimare a spandimento
top dress (v)

annaffiare
water (v)

la canna
cane

far crescere
train (v)

togliere i fiori appassiti
deadhead (v)

spruzzare
spray (v)

innestare
graft (v)

la propaggine
cutting

propagare
propagate (v)

potare
prune (v)

legare a un tutore
stake (v)

trapiantare
transplant (v)

sradicare le erbacce
weed (v)

pacciamare
mulch (v)

raccogliere
harvest (v)

vocabolario • vocabulary

coltivare cultivate (v)	architettare landscape (v)	concimare fertilize (v)	setacciare sieve (v)	biologico organic	il semenzale seedling	il sottosuolo subsoil
curare tend (v)	invasare pot up (v)	cogliere pick (v)	aerare aerate (v)	il prosciuga- mento drainage	il concime fertilizer	il diserbante weedkiller

i servizi
services

i servizi di emergenza • emergency services

l'ambulanza • ambulance

la barella
stretcher

l'ambulanza
ambulance

il paramedico
paramedic

la polizia • police

l'uniforme
uniform

il distintivo
badge

il manganello
truncheon

la
pistola
gun

le manette
handcuffs

il poliziotto
police officer

la sirena
siren

la luce
lights

l'auto della polizia
police car

la stazione di polizia
police station

vocabolario • vocabulary

il commissario inspector	**il furto** burglary	**la denuncia** complaint	**l'arresto** arrest
l'investigatore detective	**l'aggressione** assault	**l'indagine** investigation	**la cella** police cell
il reato crime	**l'impronta digitale** fingerprint	**il sospetto** suspect	**l'accusa** charge

i vigili del fuoco • fire brigade

il casco
helmet

il fumo
smoke

l'idrante
hose

i vigili del fuoco
firefighters

la gabbia
cradle

il getto
d'acqua
water jet

il braccio
boom

la cabina
cab

la scala
ladder

l'incendio | fire

la caserma dei
vigili del fuoco
fire station

la scala di sicurezza
fire escape

l'autopompa
fire engine

l'allarme antifumo
smoke alarm

l'allarme
antincendio
fire alarm

l'ascia
axe

l'estintore
fire extinguisher

l'idrante
hydrant

Ho bisogno della polizia/dei vigili del fuoco/di un'ambulanza. I need the police/fire brigade/ambulance.	**C'è un incendio a…** There's a fire at…	**C'è stato un incidente.** There's been an accident.	**Chiamate la polizia!** Call the police!

la banca • bank

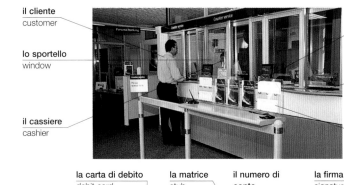

il cliente
customer

lo sportello
window

il cassiere
cashier

i dépliants
leaflets

il banco
counter

i moduli di
versamento
paying-in slips

la carta di debito
debit card

la matrice
stub

il numero di
conto
account number

la firma
signature

l'importo
amount

il direttore
bank manager

la carta di credito
credit card

il libretto degli assegni
chequebook

l'assegno
cheque

---

vocabolario • vocabulary

i risparmi savings	**l'ipoteca** mortgage	**il pagamento** payment	**versare** pay in (v)	**il conto corrente** current account
l'imposta tax	**lo scoperto** overdraft	**il prestito** loan	**il pin** PIN	**il conto di risparmio** savings account
l'addebito diretto direct debit	**il tasso d'interesse** interest rate	**il modulo di prelievo** withdrawal slip	**la commissione bancaria** bank charge	**il bonifico** bank transfer

---

la moneta
coin

la banconota
note

lo schermo
screen

la tastiera
keypad

la fessura
per la carta
card slot

il denaro
money

il bancomat
ATM

la valuta estera •
foreign currency

l'ufficio di cambio
bureau de change

il travel cheque
traveller's cheque

il tasso di cambio
exchange rate

la finanza • finance

il corso per azione
share price

il broker
stockbroker

**la consulente
finanziaria**
financial advisor

la borsa valori | stock exchange

vocabolario • vocabulary	
incassare cash (v)	**le azioni** shares
la denominazione denomination	**i dividendi** dividends
la commissione commission	**il contabile** accountant
l'investimento investment	**il portafoglio** portfolio
i titoli stocks	**il capitale netto** equity

Posso cambiare questo?
Can I change this please?

Qual è il tasso di cambio oggi?
What's today's exchange rate?

le comunicazioni • communications

l'impiegato
delle poste
postal worker

lo sportello
window

la bilancia
scales

il banco
counter

l'ufficio postale | post office

il timbro postale
postmark

il francobollo
stamp

l'indirizzo
address

il codice di
avviamento postale
postcode

la busta | envelope

il postino
postman

vocabolario • vocabulary

la lettera letter	**il mittente** return address	**la consegna** delivery	**fragile** fragile	**non piegare** do not bend (v)
posta aerea by airmail	**la firma** signature	**l'affrancatura** postage	**il sacco postale** mailbag	**alto** this way up
la posta racco- mandata registered post	**la levata della posta** collection	**il vaglia postale** postal order	**il telegramma** telegram	

la buca delle lettere
postbox

la cassetta delle lettere
letterbox

il pacco
parcel

il corriere
courier

il telefono • telephone

il ricevitore
handset

la base
base station

il telefono senza fili
cordless phone

la segreteria tele-
fonica
answering machine

il videotelefono
video phone

la cabina telefonica
telephone box

lo smartphone
smartphone

il telefonino
mobile phone

la tastiera
keypad

il ricevitore
receiver

la restituzione monete
coin return

il telefono pubblico
payphone

---

vocabolario • vocabulary

le informazioni telefoniche directory enquiries	**comporre** dial (v)	**il centralino** operator	**Può darmi il numero per...?** Can you give me the number for...?
la chiamata a carico del destinatario reverse charge call	**rispondere** answer (v)	**occupato** engaged/busy	**Qual è il prefisso per...?** What is the dialling code for...?
	il messaggio (SMS) text (SMS)	**interrotto** disconnected	**Mandami un SMS!** Text me!
il codice d'accesso passcode	**il messaggio vocale** voice message	**l'app** app	

---

l'albergo • hotel
l'ingresso • lobby

i messaggi
messages

l'ospite
guest

la chiave della camera
room key

la casella
pigeonhole

l'addetta
alla ricezione
receptionist

il registro
register

il banco
counter

la ricezione | reception

il bagaglio
luggage

il carrello
trolley

il facchino
porter

l'ascensore
lift

il numero della camera
room number

le camere • rooms

la camera singola
single room

la camera doppia
double room

la camera a due letti
twin room

il bagno privato
private bathroom

i servizi • services

il servizio di pulizia
maid service

il servizio di lavanderia
laundry service

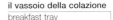
il vassoio della colazione
breakfast tray

il servizio in camera | room service

il minibar
minibar

il ristorante
restaurant

la palestra
gym

la piscina
swimming pool

vocabolario • vocabulary

la pensione completa
full board

la mezza pensione
half board

la pensione con colazione
bed and breakfast

Avete una camera libera?
Do you have any vacancies?

Ho una prenotazione
I have a reservation.

Vorrei una camera singola
I'd like a single room.

Vorrei una camera per tre notti.
I'd like a room for three nights.

Quanto costa la camera a notte?
What is the charge per night?

Quando devo lasciare la stanza?
When do I have to vacate the room?

gli acquisti
shopping

il centro commerciale • shopping centre

l'atrio
atrium

il secondo piano
second floor

l'insegna
sign

il primo piano
first floor

l'ascensore
lift

la scala mobile
escalator

il piano terra
ground floor

il cliente
customer

vocabolario • vocabulary

il reparto bambini
children's department

il commesso
sales assistant

i camerini
changing rooms

Quanto costa questo?
How much is this?

il reparto bagagli
luggage department

la guida al negozio
store directory

le toilettes
toilets

Posso cambiare questo?
May I exchange this?

il reparto calzature
shoe department

l'assistenza ai clienti
customer services

il spazio con fasciatoio
baby changing facilities

il grande magazzino • department store

l'abbigliamento da uomo
menswear

l'abbigliamento da donna
womenswear

la biancheria intima
lingerie

la profumeria
perfumery

la cosmesi
beauty

la biancheria
linen

l'arredamento per la casa
home furnishings

la merceria
haberdashery

gli articoli da cucina
kitchenware

la porcellana
china

gli articoli elettronici
electrical goods

l'illuminazione
lighting

gli articoli sportivi
sports

i giocattoli
toys

la cancelleria
stationery

il reparto alimentari
food hall

il supermercato • supermarket

la corsia
aisle

lo scaffale
shelf

il nastro convogliatore
conveyer belt

il cassiere
cashier

le offerte
offers

la cassa | checkout

il cliente
customer

la cassa
till

la busta della spesa
shopping bag

la spesa
groceries

il manico
handle

il codice a barre
bar code

il carrello
trolley

il cestino
basket

il lettore ottico
scanner

la panetteria
bakery

i latticini
dairy

i cereali da colazione
breakfast cereals

lo scatolame
tinned food

i dolci
confectionery

la verdura
vegetables

la frutta
fruit

la carne e il pollame
meat and poultry

il pesce
fish

la salumeria
deli

i surgelati
frozen food

i precotti
convenience food

le bibite
drinks

i casalinghi
household products

gli articoli da toeletta
toiletries

i prodotti per bambini
baby products

gli articoli elettrici
electrical goods

il cibo per animali
pet food

le riviste | magazines

la farmacia • chemist

i prodotti
per i denti
dental care

l'igiene
femminile
feminine
hygiene

i deodoranti
deodorants

le vitamine
vitamins

il dispensario
dispensary

il farmacista
pharmacist

la medicina
per la tosse
cough medicine

i rimedi fitoterapici
herbal remedies

i prodotti per la pelle
skin care

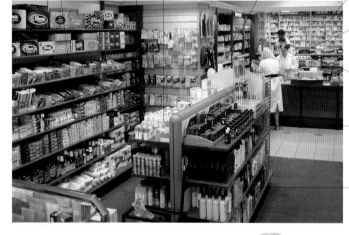

il doposole
aftersun

la crema schermo
sunscreen

la crema
schermo totale
sunblock

l'insettifugo
insect repellent

la salviettina umidificata
wet wipe

il fazzolettino
tissue

l'assorbente
sanitary towel

il tampone
tampon

il salvaslip
panty liner

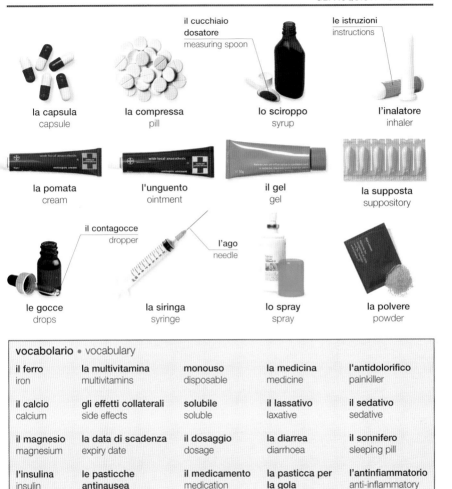

il cucchiaio dosatore
measuring spoon

le istruzioni
instructions

la capsula
capsule

la compressa
pill

lo sciroppo
syrup

l'inalatore
inhaler

la pomata
cream

l'unguento
ointment

il gel
gel

la supposta
suppository

il contagocce
dropper

l'ago
needle

le gocce
drops

la siringa
syringe

lo spray
spray

la polvere
powder

vocabolario • vocabulary

il ferro iron	la multivitamina multivitamins	monouso disposable	la medicina medicine	l'antidolorifico painkiller
il calcio calcium	gli effetti collaterali side effects	solubile soluble	il lassativo laxative	il sedativo sedative
il magnesio magnesium	la data di scadenza expiry date	il dosaggio dosage	la diarrea diarrhoea	il sonnifero sleeping pill
l'insulina insulin	le pasticche antinausea travel-sickness pills	il medicamento medication	la pasticca per la gola throat lozenge	l'antinfiammatorio anti-inflammatory

il fioraio • florist

i fiori
flowers

il gladiolo
gladiolus

il giglio
lily

l'iris
iris

l'acacia
acacia

la margherita
daisy

il crisantemo
chrysanthemum

il garofano
carnation

la gipsofila
gypsophila

la pianta
da vaso
pot plant

la violacciocca
stocks

la gerbera
gerbera

il fogliame
foliage

la rosa
rose

la fresia
freesia

il vaso
vase

l'orchidea
orchid

la peonia
peony

il mazzetto
bunch

lo stelo
stem

il narciso
daffodil

il bocciolo
bud

l'incarto
wrapping

il tulipano | tulip

gli arrangiamenti • arrangements

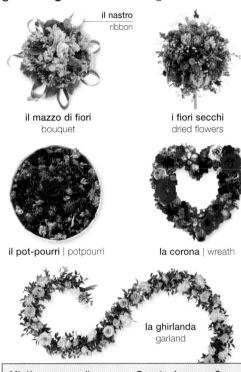

il nastro
ribbon

il mazzo di fiori
bouquet

i fiori secchi
dried flowers

il pot-pourri | potpourri

la corona | wreath

la ghirlanda
garland

**Mi dà un mazzo di…
per favore?**
Can I have a bunch of…
please?

Me li può incartare?
Can I have them wrapped?

**Posso allegare un
messaggio?**
Can I attach a message?

Quanto dureranno?
How long will these last?

Sono profumati?
Are they fragrant?

Li può mandare a…?
Can you send them to…?

l'edicola • newsagent

le sigarette
cigarettes

il pacchetto di sigarette
packet of cigarettes

i francobolli
stamps

la cartolina
postcard

il giornalino a fumetti
comic

la rivista
magazine

il giornale
newspaper

fumare • smoking

il bocchino
stem

il fornello
bowl

il tabacco
tobacco

l'accendino
lighter

la pipa
pipe

il sigaro
cigar

il **confettiere** • confectioner

la scatola di
cioccolatini
box of chocolates

il dolciume
snack bar

le patatine
crisps

il **negozio di dolciumi** | sweet shop

vocabolario • vocabulary

il **caramello** caramel	il **biscotto** biscuit
il **tartufo** truffle	le **caramelle** boiled sweets
il **cioccolato al latte** milk chocolate	il **cioccolato bianco** white chocolate
il **cioccolato fondente** plain chocolate	la **caramelle assortite** pick and mix

i **dolciumi** • confectionery

il **cioccolatino**
chocolate

la **tavoletta di cioccolata**
chocolate bar

le **caramelle**
sweets

il **lecca lecca**
lollipop

la **caramella mou**
toffee

il **torrone**
nougat

la **caramella gommosa**
marshmallow

la **mentina**
mint

la **gomma da masticare**
chewing gum

la **caramella di gelatina**
jellybean

la **caramella alla frutta**
fruit gum

la **liquirizia**
liquorice

gli altri negozi • other shops

il panificio
baker's

la pasticceria
cake shop

la macelleria
butcher's

la pescheria
fishmonger's

il fruttivendolo
greengrocer's

il negozio di alimentari
grocer's

il negozio di calzature
shoe shop

il negozio di ferramenta
hardware shop

il negozio di antiquariato
antique shop

il negozio di articoli da regalo
gift shop

l'agenzia di viaggi
travel agent's

la gioielleria
jeweller's

la libreria
book shop

il negozio di dischi
record shop

l'enoteca
off licence

il negozio di animali
pet shop

il negozio di mobili
furniture shop

la boutique
boutique

vocabolario • vocabulary

l'agenzia immobiliare
estate agent's

il centro di giardinaggio
garden centre

il lavasecco
dry cleaner's

il negozio dell'usato
second-hand shop

il negozio di articoli fotografici
camera shop

la lavanderia
launderette

il negozio prodotti dietetici naturali
health food shop

il negozio di articoli per l'arte
art shop

la sartoria
tailor's

il parrucchiere
hairdresser's

il mercato | market

il cibo
food

la carne • meat

l'agnello
lamb

il macellaio
butcher

il gancio
meat hook

la bilancia
scales

l'affilacoltelli
knife sharpener

la pancetta
bacon

le salsicce
sausages

il fegato
liver

vocabolario • vocabulary

il maiale pork	il cervo venison	le frattaglie offal	ruspante free range	la carne rossa red meat
il manzo beef	il coniglio rabbit	salmistrato cured	biologico organic	la carne magra lean meat
il vitello veal	la lingua tongue	affumicato smoked	la carne bianca white meat	la carne cotta cooked meat

i tagli • cuts

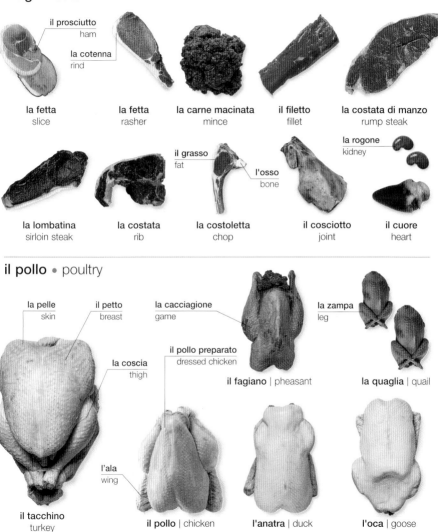

il prosciutto
ham

la cotenna
rind

la fetta
slice

la fetta
rasher

la carne macinata
mince

il filetto
fillet

la costata di manzo
rump steak

il grasso
fat

l'osso
bone

la rogone
kidney

la lombatina
sirloin steak

la costata
rib

la costoletta
chop

il cosciotto
joint

il cuore
heart

il pollo • poultry

la pelle
skin

il petto
breast

la cacciagione
game

la zampa
leg

il pollo preparato
dressed chicken

la coscia
thigh

il fagiano | pheasant

la quaglia | quail

l'ala
wing

il tacchino
turkey

il pollo | chicken

l'anatra | duck

l'oca | goose

il pesce • fish

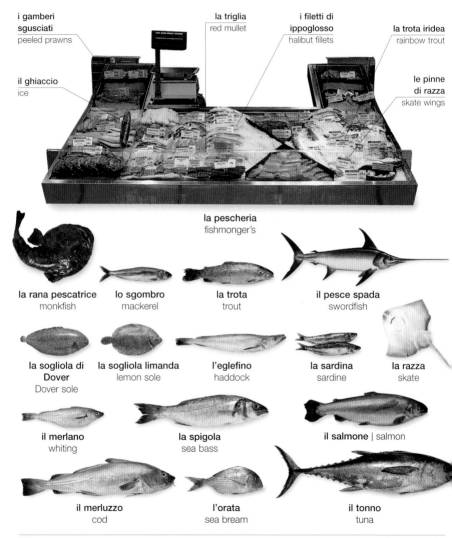

i gamberi sgusciati
peeled prawns

il ghiaccio
ice

la triglia
red mullet

i filetti di ippoglosso
halibut fillets

la trota iridea
rainbow trout

le pinne di razza
skate wings

la pescheria
fishmonger's

la rana pescatrice
monkfish

lo sgombro
mackerel

la trota
trout

il pesce spada
swordfish

la sogliola di Dover
Dover sole

la sogliola limanda
lemon sole

l'eglefino
haddock

la sardina
sardine

la razza
skate

il merlano
whiting

la spigola
sea bass

il salmone | salmon

il merluzzo
cod

l'orata
sea bream

il tonno
tuna

i frutti di mare • seafood

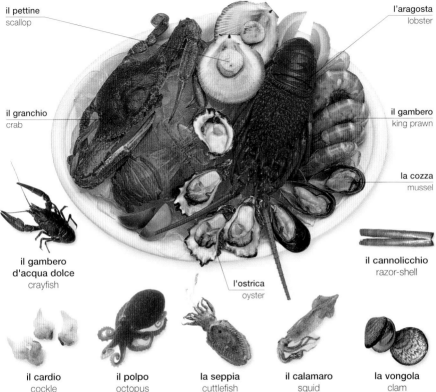

il pettine
scallop

l'aragosta
lobster

il granchio
crab

il gambero
king prawn

la cozza
mussel

il gambero
d'acqua dolce
crayfish

il cannolicchio
razor-shell

l'ostrica
oyster

il cardio
cockle

il polpo
octopus

la seppia
cuttlefish

il calamaro
squid

la vongola
clam

vocabolario • vocabulary

congelato	pulito	affumicato	desquamato	a filetti	il lombo	la coda	la spina	la squama
frozen	cleaned	smoked	descaled	filleted	loin	tail	bone	scale
fresco	salato	spellato	spinato	il filetto	la trancia			
fresh	salted	skinned	boned	fillet	steak			

Me lo pulisce?
Will you clean it for me?

la verdura 1 • vegetables 1

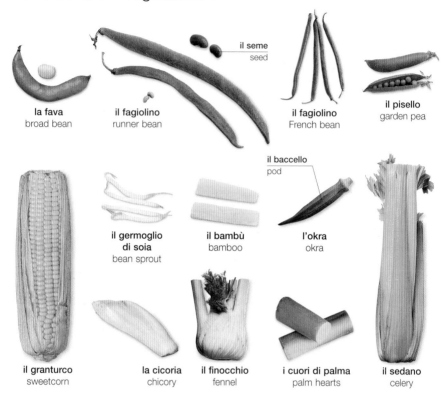

il seme
seed

la fava
broad bean

il fagiolino
runner bean

il fagiolino
French bean

il pisello
garden pea

**il germoglio
di soia**
bean sprout

il bambù
bamboo

il baccello
pod

l'okra
okra

il granturco
sweetcorn

la cicoria
chicory

il finocchio
fennel

i cuori di palma
palm hearts

il sedano
celery

---

vocabolario • vocabulary

la foglia leaf	**il germoglio** floret	**la punta** tip	**biologico** organic	**Vendete verdure biologiche?** Do you sell organic vegetables?
lo stelo stalk	**il nocciolo** kernel	**il cuore** heart	**la busta di plastica** plastic bag	**Queste sono della zona?** Are these grown locally?

la rucola
rocket

il crescione
watercress

il radicchio
radicchio

il cavolino di Bruxelles
Brussels sprout

la bietola
Swiss chard

il cavolo riccio
kale

l'acetosa
sorrel

l'indivia
endive

il dente di leone
dandelion

gli spinaci
spinach

il cavolo rapa
kohlrabi

la bieta
pak-choi

la lattuga
lettuce

il broccolo
broccoli

il cavolo
cabbage

il cavolo primaticcio
spring greens

le verdure 2 • vegetables 2

la rapa
turnip

il carciofo
artichoke

il ravanello
radish

il cavolfiore
cauliflower

l'asparago
asparagus

la patata
potato

la zucca
marrow

la cipolla
onion

il peperone
pepper

il peperoncino
chilli

il mais
sweetcorn

vocabolario • vocabulary

il pomodoro ciliegino cherry tomato	**il sedano rapa** celeriac	congelato frozen	amaro bitter	**Mi dà un chilo di patate per favore?** Can I have one kilo of potatoes please?
la carota carrot	**la cassava** cassava	crudo raw	sodo firm	
la patata novella new potato	**la radice di taro** taro root	piccante hot (spicy)	**la polpa** flesh	**Quanto costa al chilo?** What's the price per kilo?
il frutto dell'albero del pane breadfruit	**la castagna d'acqua** water chestnut	dolce sweet	**la radice** root	**Quelli come si chiamano?** What are those called?

la patata dolce
sweet potato

l'igname
yam

la barbabietola
beetroot

la rapa svedese
swede

il topinambur
Jerusalem
artichoke

il rafano
horseradish

la pastinaca
parsnip

lo zenzero
ginger

la melanzana
aubergine

il pomodoro
tomato

la cipollina
spring onion

il porro
leek

lo scalogno
shallot

l'aglio
garlic

lo spicchio
clove

il tartufo
truffle

il fungo
mushroom

il cetriolo
cucumber

la zucchina
courgette

**la zucca
Butternut**
butternut squash

**la zucca a
ghianda**
acorn squash

la zucca
pumpkin

la frutta 1 • fruit 1
gli agrumi • citrus fruit

la frutta con nocciolo •
stoned fruit

l'arancio
orange

la clementina
clementine

il mapo
ugli fruit

la scorza
interna
pith

il pompelmo
grapefruit

il mandarino
tangerine

lo spicchio
segment

il satsuma
satsuma

la scorza
zest

la limetta
lime

il limone
lemon

l'arancino cinese
kumquat

la pesca
peach

la pesca noce
nectarine

l'albicocca
apricot

la prugna
plum

la ciliegia
cherry

la mela
apple

la pera
pear

il cestino di frutta | basket of fruit

i frutti di bosco e i meloni • berries and melons

la fragola
strawberry

il lampone
raspberry

il melone
melon

l'uva
grapes

la mora
blackberry

il ribes rosso
redcurrant

il ribes nero
blackcurrant

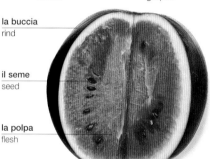

la buccia
rind

il seme
seed

la polpa
flesh

l'anguria
watermelon

il mirtillo rosso
cranberry

il mirtillo
blueberry

il ribes bianco
white currant

la mora-lampone
loganberry

l'uva spina
gooseberry

vocabolario • vocabulary

il rabarbaro rhubarb	**agro** sour	**croccante** crisp	**senza semi** seedless	**Sono maturi?** Are they ripe?
la fibra fibre	**fresco** fresh	**marcio** rotten	**il succo** juice	**Posso assaggiarne uno?** Can I try one?
dolce sweet	**sugoso** juicy	**la polpa** pulp	**il torsolo** core	**Per quanto tempo si mantengono?** How long will they keep?

la frutta 2 • fruit 2

il mango
mango

l'ananas
pineapple

l'avocado
avocado

la papaia
papaya

la pesca
peach

il litchi
lychee

il kiwi
kiwifruit

l'alchechengi
cape gooseberry

il seme
pip

la buccia
skin

la mela cotogna
quince

**il frutto
della passione**
passion fruit

la banana
banana

la guaiava
guava

la melagrana
pomegranate

il cachi
persimmon

il feijoa
feijoa

il fico d'india
prickly pear

la carambola
starfruit

il tamarillo
tamarillo

le noci e la frutta secca • nuts and dried fruit

il pinolo
pine nut

il pistacchio
pistachio

l'anacardio
cashew nut

l'arachide
peanut

la nocciola
hazelnut

la mandorla brasiliana
brazil nut

la noce di pecan
pecan

la mandorla
almond

la noce
walnut

la castagna
chestnut

la noce di macadamia
macadamia

il fico
fig

il dattero
date

la prugna secca
prune

il guscio
shell

l'uva sultanina
sultana

l'uvetta
raisin

l'uva passa
currant

la polpa
flesh

la noce di cocco
coconut

---

vocabolario • vocabulary

verde green	**duro** hard	**il nocciolo** kernel	**salato** salted	**arrostito** roasted	**la frutta tropicale** tropical fruit	**sgusciato** shelled
maturo ripe	**morbido** soft	**essiccato** desiccated	**crudo** raw	**stagionale** seasonal	**la frutta candita** candied fruit	**intero** whole

le granaglie e i legumi secchi • grains and pulses

le granaglie • grains

il grano
wheat

l'avena
oats

l'orzo
barley

il miglio
millet

il mais
corn

la quinoa
quinoa

vocabolario • vocabulary		
il seme seed	**fresco** fresh	**cottura facile** easy cook
la pula husk	**profumato** fragranced	**integrale** wholegrain
il seme kernel	**il cereale** cereal	**a chicco lungo** long-grain
secco dry	**mettere a bagno** soak (v)	**a chicco corto** short-grain

il riso • rice

il riso bianco
white rice

il riso integrale
brown rice

il riso selvatico
wild rice

il riso da budino
pudding rice

i cereali trattati • processed grains

il cuscus
couscous

il grano spezzato
cracked wheat

la semola
semolina

la crusca
bran

i legumi • pulses

i fagioli bianchi
butter beans

i fagioli cannellini
haricot beans

i fagioli di Spagna
red kidney beans

i fagioli aduki
adzuki beans

le fave
broad beans

i semi di soia
soya beans

i fagioli dall'occhio nero
black-eyed beans

i fagioli borlotti
pinto beans

i fagioli mung
mung beans

i fagioli nani
flageolet beans

le lenticchie marroni
brown lentils

le lenticchie rosse
red lentils

i piselli
green peas

i ceci
chickpeas

i piselli spaccati
split peas

i semi • seeds

il seme di zucca
pumpkin seed

il seme di mostarda
mustard seed

il seme di carvi
caraway

il seme di sesamo
sesame seed

il seme di girasole
sunflower seed

le erbe aromatiche e le spezie • herbs and spices

le spezie • spices

la vaniglia
vanilla

la noce moscata
nutmeg

il macis
mace

la curcuma
turmeric

il cumino
cumin

il mazzetto odoroso
bouquet garni

il pepe della Giamaica
allspice

il grano di pepe
peppercorn

il fieno greco
fenugreek

il peperoncino rosso
chilli

intero
whole

tritato
crushed

lo zafferano
saffron

il cardamomo
cardamom

la polvere di curry
curry powder

macinato
ground

la paprica
paprika

grattugiato
flakes

l'aglio
garlic

le erbe aromatiche • herbs

i bastoncini
sticks

la cannella
cinnamon

la citronella
lemon grass

i chiodi di garofano
cloves

il finocchio
fennel

i semi di finocchio
fennel seeds

l'alloro
bay leaf

il prezzemolo
parsley

l'erba cipollina
chives

la menta
mint

il timo
thyme

la salvia
sage

l'anice stellato
star anise

il dragoncello
tarragon

la maggiorana
marjoram

il basilico
basil

lo zenzero
ginger

l'origano
oregano

il coriandolo
coriander

l'aneto
dill

il rosmarino
rosemary

i cibi imbottigliati • bottled foods

il tappo
cork

l'olio di semi di girasole
sunflower oil

l'olio di noce
walnut oil

l'olio di semi d'uva
grapeseed oil

l'olio di mandorla
almond oil

l'olio di sesamo
sesame seed oil

l'olio di noccioline
hazelnut oil

l'olio d'oliva
olive oil

le erbe aromatiche
herbs

l'olio aromatizzato
flavoured oil

gli oli
oils

le confetture • sweet spreads

il barattolo
jar

il favo
honeycomb

il miele condensato
set honey

la crema al limone
lemon curd

la marmellata di lamponi
raspberry jam

la marmellata di agrumi
marmalade

il miele sciolto
clear honey

lo sciroppo d'acero
maple syrup

le salse e i condimenti • sauces and condiments

l'aceto
di sidro
cider vinegar

l'aceto
balsamico
balsamic vinegar

la bottiglia
bottle

la senape
English mustard

la maionese
mayonnaise

il ketchup
ketchup

la mostarda
French mustard

il chutney
chutney

l'aceto di malto
malt vinegar

l'aceto di vino
wine vinegar

l'aceto
vinegar

la salsa
sauce

la mostarda
con semi
wholegrain
mustard

---

il barattolo a
chiusura ermetica
preserving jar

il burro di
arachidi
peanut butter

la cioccolata
spalmabile
chocolate spread

la conserva di
frutta
preserved fruit

vocabolario • vocabulary

l'olio vegetale
vegetable oil

l'olio di colza
rapeseed oil

l'olio di mais
corn oil

l'olio spremuto
a freddo
cold-pressed oil

l'olio di
arachide
groundnut oil

i latticini • dairy produce

il formaggio • cheese

il formaggio grattugiato
grated cheese

la crosta
rind

il formaggio semiduro
semi-hard cheese

il formaggio duro
hard cheese

il formaggio semimorbido
semi-soft cheese

il formaggio molle fresco
cottage cheese

il formaggio cremoso
cream cheese

il formaggio erborinato
blue cheese

il formaggio morbido
soft cheese

il formaggio fresco | fresh cheese

il latte • milk

il latte intero
whole milk

il latte parzialmente scremato
semi-skimmed milk

il latte scremato
skimmed milk

il cartone di latte
milk carton

il latte di mucca | cow's milk

il latte di capra
goat's milk

il latte condensato
condensed milk

il burro
butter

la margarina
margarine

la panna
cream

la panna liquida
single cream

la panna densa
double cream

la panna montata
whipped cream

la panna acida
sour cream

lo yogurt
yoghurt

il gelato
ice cream

le uova • eggs

il tuorlo
yolk

la chiara
egg white

il guscio
shell

il porta uovo
egg cup

l'uovo alla coque
boiled egg

l'uovo di gallina
hen's egg

l'uovo di anatra
duck egg

l'uovo d'oca
goose egg

l'uovo di quaglia
quail egg

vocabolario • vocabulary

pastorizzato pasteurized	**senza grassi** fat free	**salato** salted	**il latte fermentato** buttermilk	**il lattosio** lactose	**il frullato** milkshake
non pastorizzato unpasteurized	**il latte in polvere** powdered milk	**senza sale** unsalted	**il latte di pecora** sheep's milk	**omogeneizzato** homogenized	**lo yogurt gelato** frozen yoghurt

il pane e le farine • breads and flours

il pane affettato
sliced bread

i semi di papavero
poppy seeds

il pane di segale
rye bread

il filone
baguette

il panificio | bakery

fare il pane • making bread

la farina bianca
white flour

la farina nera
brown flour

la farina integrale
wholemeal flour

il lievito
yeast

setacciare | sift (v)

mescolare | mix (v)

la pasta
dough

impastare | knead (v)

cuocere al forno | bake (v)

la crosta
crust

il pane bianco
white bread

la pagnotta
loaf

il pane nero
brown bread

il pane integrale
wholemeal bread

la fetta
slice

il pane di granaio
granary bread

il pane di mais
corn bread

il pane lievitato con
bicarbonato di sodio
soda bread

il pane di lievito
naturale
sourdough bread

la schiacciata
flatbread

il bagel
bagel

la pagnotella
bap

il panino
roll

il pane alla frutta
fruit bread

il pane con semi
seeded bread

il naan
naan bread

la pita
pitta bread

i crackers
crispbread

vocabolario • vocabulary

la farina autolievitante self-raising flour	**la farina semplice** plain flour	**lievitare** prove (v)	**il pangratto** breadcrumbs	**l'affettatrice** slicer
la farina per il pane strong flour	**lievitare** rise (v)	**glassare** glaze (v)	**il filoncino** flute	**il panettiere** baker

i dolci e i dessert • cakes and desserts

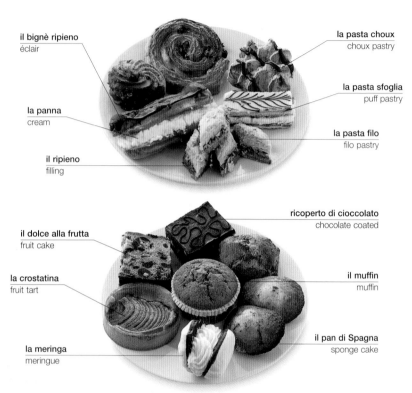

il bignè ripieno
éclair

la pasta choux
choux pastry

la panna
cream

la pasta sfoglia
puff pastry

il ripieno
filling

la pasta filo
filo pastry

il dolce alla frutta
fruit cake

ricoperto di cioccolato
chocolate coated

la crostatina
fruit tart

il muffin
muffin

la meringa
meringue

il pan di Spagna
sponge cake

i dolci | cakes

vocabolario • vocabulary

la crema pasticcera crème pâtissière	**la pastina** bun	**la pasta** pastry	**il budino di riso** rice pudding	**Posso avere una fetta?** May I have a slice please?
la torta al cioccolato chocolate cake	**la crema** custard	**la fetta** slice	**la festa** celebration	

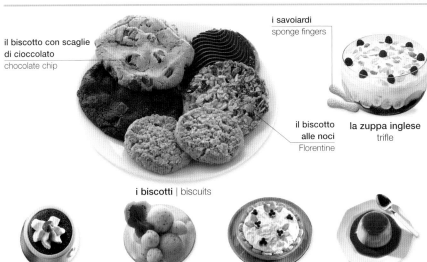

il biscotto con scaglie
di cioccolato
chocolate chip

i savoiardi
sponge fingers

il biscotto
alle noci
Florentine

la zuppa inglese
trifle

i biscotti | biscuits

la mousse
mousse

il sorbetto
sorbet

la torta alla crema
cream pie

il crème caramel
crème caramel

le torte per celebrazioni • celebration cakes

il piano superiore
top tier

il nastro
ribbon

il piano
inferiore
bottom tier

la glassa
icing

il
marzapane
marzipan

la
decorazione
decoration

le
candeline
birthday candles

soffiare
blow out (v)

la torta nuziale | wedding cake

la torta di compleanno | birthday cake

la salumeria • delicatessen

la salsiccia
piccante
spicy sausage

l'aceto
vinegar

l'olio
oil

lo sformato
flan

la carne cruda
uncooked meat

il banco
counter

il salame
salami

il salame piccante
pepperoni

il pâté
pâté

la mozzarella
mozzarella

il brie
Brie

il formaggio di capra
goat's cheese

il cheddar
cheddar

il parmigiano
Parmesan

il camembert
Camembert

la scorza
rind

l'edam
Edam

il manchego
Manchego

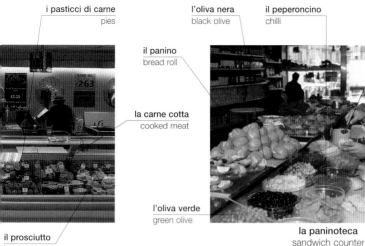

i pasticci di carne
pies

l'oliva nera
black olive

il peperoncino
chilli

la salsa
sauce

il panino
bread roll

la carne cotta
cooked meat

l'oliva verde
green olive

il prosciutto
ham

la paninoteca
sandwich counter

il pesce affumicato
smoked fish

i capperi
capers

il chorizo
chorizo

il prosciutto crudo
prosciutto

le olive ripiene
stuffed olives

vocabolario • vocabulary

sott'olio in oil	**marinato** marinated	**affumicato** smoked
in salamoia in brine	**salmistrato** salted	**trattato** cured

Prenda un numero, per favore.
Take a number please.

Posso assaggiare un po' di quello, per favore?
Can I try some of that please?

Mi dà sei fette di quello, per favore?
May I have six slices of that please?

le bevande • drinks

l'acqua • water

le bevande calde •
hot drinks

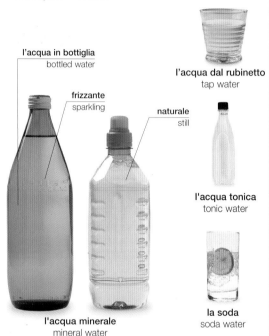

l'acqua in bottiglia
bottled water

frizzante
sparkling

naturale
still

l'acqua dal rubinetto
tap water

l'acqua tonica
tonic water

la soda
soda water

l'acqua minerale
mineral water

la bustina di tè
teabag

il tè sciolto
loose leaf tea

il tè
tea

i chicchi
beans

il caffè
macinato
ground coffee

il caffè
coffee

la cioccolata
calda
hot chocolate

la bevanda
al malto
malted drink

le bibite • soft drinks

la cannuccia
straw

il succo di
pomodoro
tomato juice

il succo d'uva
grape juice

la limonata
lemonade

l'aranciata
orangeade

la coca
cola

le bevande alcoliche • alcoholic drinks

il gin
gin

la lattina
can

la birra
beer

il sidro
cider

la birra amara
bitter

la birra scura
stout

la vodka
vodka

il whisky
whisky

il rum
rum

il brandy
brandy

il porto
port

secco
dry

lo sherry
sherry

il Campari
Campari

rosé
rosé

bianco
white

rosso
red

il vino
wine

il liquore
liqueur

la tequila
tequila

lo champagne
champagne

mangiare fuori
eating out

il caffè • café

la tenda
awning

il menù
menu

l'ombrellone
umbrella

il bar con terrazza
terrace café

il cameriere
waiter

la macchina del caffè
coffee machine

il tavolo
table

il bar all'aperto | pavement café

lo snack bar | snack bar

il caffè • coffee

il caffè macchiato
white coffee

il caffè nero
black coffee

la polvere di cacao
cocoa powder

la schiuma
froth

il caffè filtrato
filter coffee

l'espresso
espresso

il cappuccino
cappuccino

il caffè freddo
iced coffee

il tè • tea

il tè alle erbe
herbal tea

la camomilla
camomile tea

il tè verde
green tea

il tè con latte	il tè nero	il tè al limone	il tè alla menta	il tè freddo
tea with milk	black tea	tea with lemon	mint tea	iced tea

le spremute e i frappé • juices and milkshakes

il frappé al cioccolato
chocolate milkshake

il frappé alle fragole
strawberry milkshake

il frappé al caffè
coffee milkshake

il succo d'arancia	il succo di mela	il succo d'ananas	il succo di pomodoro
orange juice	apple juice	pineapple juice	tomato juice

il cibo • food

il pane integrale
brown bread

la pallina
scoop

il tramezzino tostato	l'insalata	il gelato	le paste
toasted sandwich	salad	ice cream	pastry

il bar • bar

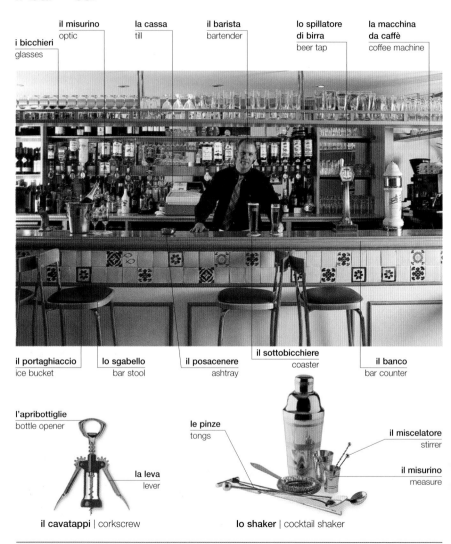

i bicchieri
glasses

il misurino
optic

la cassa
till

il barista
bartender

lo spillatore
di birra
beer tap

la macchina
da caffè
coffee machine

il portaghiaccio
ice bucket

lo sgabello
bar stool

il posacenere
ashtray

il sottobicchiere
coaster

il banco
bar counter

l'apribottiglie
bottle opener

la leva
lever

il cavatappi | corkscrew

le pinze
tongs

il miscelatore
stirrer

il misurino
measure

lo shaker | cocktail shaker

la brocca
pitcher

**il cubetto
di ghiaccio**
ice cube

il gin tonic
gin and tonic

il whisky con acqua
scotch and water

il cuba libre
rum and cola

la vodka all'arancia
vodka and orange

il martini
martini

il cocktail
cocktail

il vino
wine

la birra | beer

doppio
double

singolo
single

ghiaccio e limone
ice and lemon

una acquavite
a shot

la misura
measure

liscio
without ice

con ghiaccio
with ice

gli stuzzichini • bar snacks

gli anacardi
cashewnuts

**le noccioline
americane**
peanuts

le mandorle
almonds

le patatine | crisps

le noccioline | nuts

le olive | olives

il ristorante • restaurant

il coperto
table setting

l'aiuto cuoco
commis chef

il cuoco
chef

la cucina
kitchen

il bicchiere
glass

il vassoio
tray

il cameriere
waiter

---

vocabolario • vocabulary

la lista dei vini wine list	**il buffet** buffet	**il prezzo** price
il menù del pranzo lunch menu	**à la carte** à la carte	**il conto** bill
il menù della cena evening menu	**il carrello dei dolci** sweet trolley	**la ricevuta** receipt

la mancia tip	**il bar** bar	**il pepe** pepper
servizio compreso service included	**il cliente** customer	**la specialitá** specials
servizio non compreso service not included	**il sale** salt	

il menù
menu

il menù per bambini
child's meal

ordinare
order (v)

pagare
pay (v)

le portate • courses

l'aperitivo
apéritif

l'antipasto
starter

la minestra
soup

il piatto principale
main course

il contorno
side order

il dessert | dessert

il caffè | coffee

Un tavolo per due, per favore.
A table for two please.

Posso vedere il menú/la lista dei vini, per favore?
Can I see the menu/wine list please?

C'è un menù a prezzo fisso?
Is there a fixed price menu?

Avete dei piatti vegetariani?
Do you have any vegetarian dishes?

Posso avere il conto/una ricevuta per favore?
Could I have the bill/a receipt please?

Possiamo pagare separatamente?
Can we pay separately?

Dove sono i bagni per favore?
Where are the toilets, please?

il fast food • fast food

la cannuccia
straw

l'hamburger
burger

la bibita
soft drink

le patate fritte
French fries

il tovagliolo
di carta
paper napkin

il vassoio
tray

l'hamburger con patatine fritte
burger meal

la pizza
pizza

il listino
price list

la bibita in lattina
canned drink

la consegna a domicilio
home delivery

il venditore ambulante
street stall

vocabolario •
vocabulary

la pizzeria
pizza parlour

il fastfood
burger bar

il menù
menu

mangiare sul posto
eat-in

da asporto
take-away

riscaldare
re-heat (v)

il ketchup
tomato sauce

Me lo dà da asporto?
Can I have that to go
please?

**Consegnate a
domicilio?**
Do you deliver?

il panino
bun

la senape
mustard

il wurstel
sausage

l'hamburger
hamburger

l'hamburger di pollo
chicken burger

l'hamburger vegetariano
veggie burger

l'hot dog
hot dog

il ripieno
filling

il tramezzino
sandwich

il tramezzino a strati
club sandwich

il tramezzino aperto
open sandwich

la piadina
wrap

la salsa
sauce

salato
savoury

dolce
sweet

il condimento
topping

il spiedino
kebab

i bocconcini di pollo
chicken nuggets

le crêpes | crêpes

il pesce con patatine
fish and chips

le costolette
ribs

il pollo fritto
fried chicken

la pizza
pizza

la colazione • breakfast

il latte
milk

i cereali
cereal

la marmellata
jam

la frutta
secca
dried fruit

il prosciutto
ham

il formaggio
cheese

il pane
biscottato
crispbread

il buffet della colazione
breakfast buffet

la marmellata
di agrumi
marmalade

il pâté
pâté

il burro
butter

il succo
di frutta
fruit juice

il caffè
coffee

la cioccolata calda
hot chocolate

il cornetto
croissant

il tè
tea

il tavolo della colazione | breakfast table

le bevande | drinks

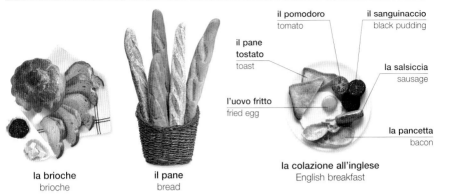

il pomodoro
tomato

il sanguinaccio
black pudding

il pane
tostato
toast

la salsiccia
sausage

l'uovo fritto
fried egg

la pancetta
bacon

la colazione all'inglese
English breakfast

la brioche
brioche

il pane
bread

le aringhe affumicate
kippers

il pane fritto all'uovo
French toast

il tuorlo
yolk

l'uovo alla coque
boiled egg

le uova strapazzate
scrambled eggs

la panna
cream

lo yogurt alla frutta
fruit yoghurt

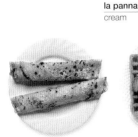

le crêpes
pancakes

i waffle
waffles

la pappa d'avena
porridge

la frutta fresca
fresh fruit

la cena • dinner

la minestra | soup

la zuppa | broth

lo stufato | stew

il curry | curry

l'arrosto
roast

il pasticcio
pie

il soufflé
soufflé

lo spiedino
kebab

le polpette
meatballs

la frittata
omelette

la frittura | stir-fry

i taglierini
noodles

la pasta | pasta

il riso
rice

l'insalata mista
mixed salad

l'insalata verde
green salad

il condimento
dressing

i metodi • techniques

farcito | stuffed

al sugo | in sauce

alla griglia | grilled

marinato | marinated

affogato | poached

schiacciato | mashed

cotto al forno | baked

fritto in padella | pan fried

fritto
fried

sottaceto
pickled

affumicato
smoked

fritto in olio abbondante
deep-fried

allo sciroppo
in syrup

condito
dressed

al vapore
steamed

stagionato
cured

lo studio
study

la scuola • school

la lavagna bianca
whiteboard

l'insegnante
teacher

la cartella
school bag

l'alluno
pupil

il banco
desk

l'aula | classroom

la scolara
schoolgirl

lo scolaro
schoolboy

---

vocabolario • vocabulary

la storia history	**l'arte** art	**la fisica** physics
la letteratura literature	**la musica** music	**la chimica** chemistry
le lingue languages	**la matematica** maths	**la biologia** biology
la geografia geography	**le scienze naturali** science	**l'educazione fisica** physical education

le attività • activities

leggere | read (v)

scrivere | write (v)

scandire spell (v)

disegnare draw (v)

la punta
nib

la matita colorata
colouring pencil

il temperamatite
pencil sharpener

il proiettore digitale
digital projector

la penna
pen

la matita
pencil

la gomma
rubber

il quaderno
notebook

il libro di testo | textbook

l'astuccio
pencil case

il righello
ruler

domandare
question (v)

rispondere
answer (v)

discutere
discuss (v)

imparare
learn (v)

vocabolario • vocabulary

il preside head teacher	la risposta answer	il voto grade
la lezione lesson	i compiti homework	la classe year
la domanda question	il tema essay	il dizionario dictionary
prendere appunti take notes (v)	l'esame examination	l'enciclopedia encyclopedia

la matematica • maths

le forme • shapes

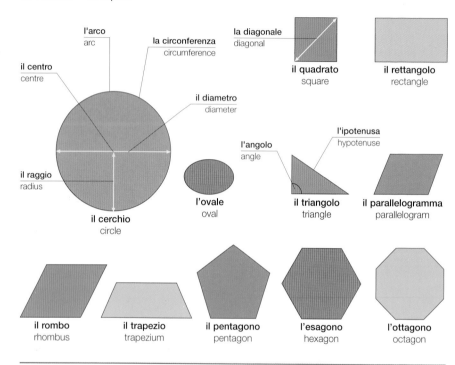

l'arco
arc

la circonferenza
circumference

la diagonale
diagonal

il quadrato
square

il rettangolo
rectangle

il centro
centre

il diametro
diameter

il raggio
radius

il cerchio
circle

l'ovale
oval

l'angolo
angle

l'ipotenusa
hypotenuse

il triangolo
triangle

il parallelogramma
parallelogram

il rombo
rhombus

il trapezio
trapezium

il pentagono
pentagon

l'esagono
hexagon

l'ottagono
octagon

i solidi • solids

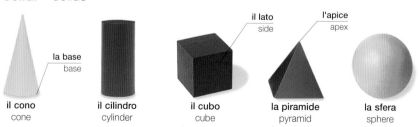

la base
base

il lato
side

l'apice
apex

il cono
cone

il cilindro
cylinder

il cubo
cube

la piramide
pyramid

la sfera
sphere

le linee • lines

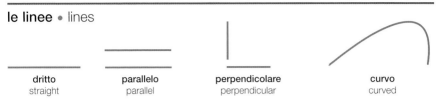

dritto
straight

parallelo
parallel

perpendicolare
perpendicular

curvo
curved

le misure • measurements

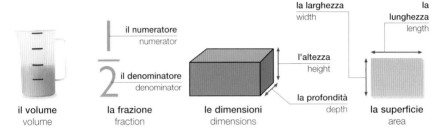

il volume
volume

la frazione
fraction

il numeratore
numerator

il denominatore
denominator

le dimensioni
dimensions

la larghezza
width

l'altezza
height

la profondità
depth

la lunghezza
length

la superficie
area

l'attrezzatura • equipment

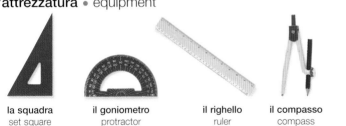

la squadra
set square

il goniometro
protractor

il righello
ruler

il compasso
compass

la calcolatrice
calculator

---

vocabolario • vocabulary

la geometria geometry	**più** plus	**contare** count (v)	**uguale** equals	**sommare** add (v)	**moltiplicare** multiply (v)	**l'equazione** equation
l'aritmetica arithmetic	**meno** minus	**diviso per** divided by	**moltiplicato per** times	**sottrarre** subtract (v)	**dividere** divide (v)	**la percentuale** percentage

---

la scienza • science

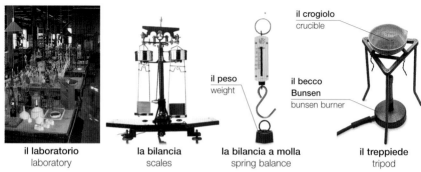

il laboratorio
laboratory

la bilancia
scales

il peso
weight

la bilancia a molla
spring balance

il crogiolo
crucible

il becco
Bunsen
bunsen burner

il treppiede
tripod

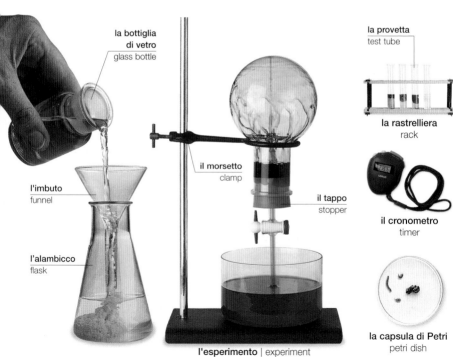

la bottiglia
di vetro
glass bottle

la provetta
test tube

la rastrelliera
rack

il morsetto
clamp

l'imbuto
funnel

il tappo
stopper

il cronometro
timer

l'alambicco
flask

la capsula di Petri
petri dish

l'esperimento | experiment

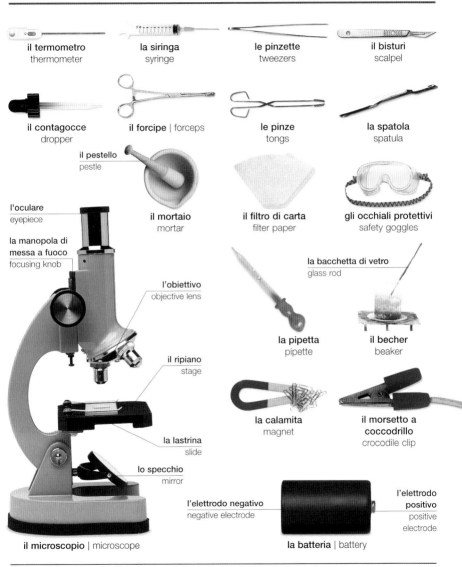

il termometro
thermometer

la siringa
syringe

le pinzette
tweezers

il bisturi
scalpel

il contagocce
dropper

il forcipe | forceps

le pinze
tongs

la spatola
spatula

il pestello
pestle

il mortaio
mortar

il filtro di carta
filter paper

gli occhiali protettivi
safety goggles

l'oculare
eyepiece

la manopola di
messa a fuoco
focusing knob

l'obiettivo
objective lens

il ripiano
stage

la lastrina
slide

lo specchio
mirror

la bacchetta di vetro
glass rod

la pipetta
pipette

il becher
beaker

la calamita
magnet

**il morsetto a
coccodrillo**
crocodile clip

l'elettrodo negativo
negative electrode

l'elettrodo
positivo
positive
electrode

il microscopio | microscope

la batteria | battery

l'università • college

l'ufficio iscrizioni
admissions

il refettorio
refectory

l'ambulatorio
health centre

il campo sportivo
sports field

la casa dello studente
hall of residence

il campus | campus

vocabolario • vocabulary

il tesserino library card	**il prestito** loan	**il libro** book
la corsia aisle	**rinnovare** renew (v)	**il titolo** title
la lista dei libri reading list	**prendere in prestito** borrow (v)	**la sala di lettura** reading room
il banco informazioni enquiries	**prenotare** reserve (v)	**la data di restituzione** return date

la bibliotecaria
librarian

il banco prestiti
loans desk

lo scaffale
bookshelf

il periodico
periodical

la rivista
journal

la biblioteca | library

lo studente
universitario
undergraduate

il docente
lecturer

la laureata
graduate

la toga
robe

l'aula
lecture theatre

la consegna delle lauree
graduation ceremony

le scuole • schools

la modella
model

la scuola d'arte
art college

il conservatorio
music school

l'accademia di danza
dance academy

vocabolario • vocabulary

la borsa di studio scholarship	la ricerca research	la dissertazione dissertation	la medicina medicine	l'economia economics
il diploma diploma	il master master's	il dipartimento department	la zoologia zoology	la politologia politics
la laurea degree	il dottorato doctorate	il diritto law	la fisica physics	la letteratura literature
di perfezionamento postgraduate	la tesi thesis	l'ingegneria engineering	la filosofia philosophy	la storia dell'arte history of art

il lavoro
work

l'ufficio 1 • office 1

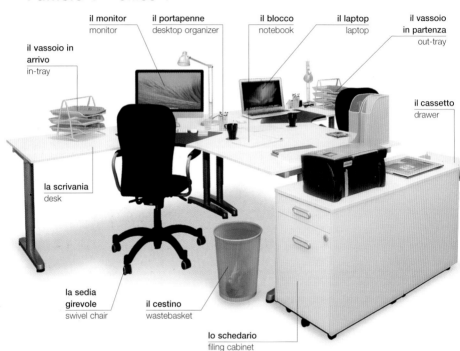

il monitor
monitor

il portapenne
desktop organizer

il blocco
notebook

il laptop
laptop

il vassoio
in partenza
out-tray

il vassoio in
arrivo
in-tray

il cassetto
drawer

la scrivania
desk

la sedia
girevole
swivel chair

il cestino
wastebasket

lo schedario
filing cabinet

l'apparecchiature da ufficio •
office equipment

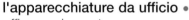

il vassoio per la carta
paper tray

la stampante | printer

il distruggidocumenti
shredder

vocabolario • vocabulary	
stampare print (v)	**ingrandire** enlarge (v)
copiare copy (v)	**ridurre** reduce (v)

Devo fare delle copie.
I need to make some copies.

gli articoli di cancelleria • office supplies

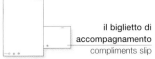

il biglietto di
accompagnamento
compliments slip

la carta intestata
letterhead

la busta
envelope

la scatola
d'archivio
box file

l'etichetta
tab

il divisore
divider

**il portablocco
con fermaglio**
clipboard

**il blocco per
appunti**
note pad

**la cartella
sospesa**
hanging file

**il portacarte a
fisarmonica**
concertina file

**il raccoglitore
a leva**
lever arch file

i punti
staples

il nastro adesivo
sticky tape

il tampone
di inchiostro
ink pad

l'agenda
personal organizer

la cucitrice
stapler

il dispenser
tape dispenser

il perforatore
hole punch

**il timbro di
gomma**
rubber stamp

l'elastico
rubber band

il fermafogli
bulldog clip

la graffetta
paper clip

la puntina
drawing pin

la bacheca | notice board

l'ufficio 2 • office 2

la lavagna a fogli mobili
flip chart

il verbale
minutes

il cavalletto
easel

la relazione
report

il direttore
manager

la proposta
proposal

il dirigente
executive

la riunione | meeting

vocabolario • vocabulary

la sala da riunione
meeting room

partecipare
attend (v)

l'ordine del giorno
agenda

presiedere
chair (v)

A che ora è la riunione?
What time is the meeting?

Qual è il vostro orario di lavoro?
What are your office hours?

l'oratrice
speaker

la presentazione | presentation

gli affari • business

l'uomo d'affari
businessman

la donna d'affari
businesswoman

il pranzo di lavoro
business lunch

il viaggio d'affari
business trip

l'appuntamento
appointment

la cliente
client

l'amministratore delegato
managing director

l'agenda | diary

l'accordo di affari
business deal

---

vocabolario • vocabulary

la ditta company	**il personale** staff	**l'ufficio contabilità** accounts department	**l'ufficio legale** legal department
la sede centrale head office	**il libro paga** payroll	**l'ufficio marketing** marketing department	**l'ufficio di assistenza clienti** customer service department
la succursale branch	**lo stipendio** salary	**l'ufficio vendite** sales department	**l'ufficio del personale** human resources department

---

il computer • computer

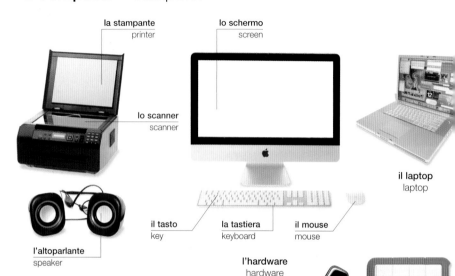

la stampante
printer

lo schermo
screen

lo scanner
scanner

il laptop
laptop

il tasto
key

la tastiera
keyboard

il mouse
mouse

l'altoparlante
speaker

l'hardware
hardware

vocabolario • vocabulary

la memoria memory	**il software** software	**il server** server
la RAM RAM	**l'applicazione** application	**la porta** port
i byte bytes	**il programma** program	**il processore** processor
il sistema system	**la rete** network	**il cavo di alimentazione** power cable

la chiavetta USB
memory stick

il disco rigido esterno
external hard drive

il tablet
tablet

lo smartphone
smartphone

il desktop • desktop

la barra del menu
menubar

il carattere
font

il file
file

la barra degli strumenti
toolbar

l'icona
icon

la barra di scorrimento
scrollbar

la cartella
folder

lo sfondo
wallpaper

la finestra
window

il cestino
trash

Internet • internet

il browser
browser

navigare
browse (v)

l'e-mail • email

l'indirizzo e-mail
email address

la posta in arrivo
inbox

il sito web
website

vocabolario • vocabulary

collegare connect (v)	il fornitore di servizi service provider	collegarsi log on (v)	scaricare download (v)	spedire send (v)	salvare save (v)
installare install (v)	l'account di posta elettronica email account	in rete online	l'allegato attachment	ricevere receive (v)	cercare search (v)

i mass media • media

lo studio televisivo • television studio

il set
set

il presentatore
presenter

la lampada
light

la telecamera
camera

il carrello della
telecamera
camera crane

il cameraman
cameraman

---

vocabolario • vocabulary

il canale channel	**il documentario** documentary	**la stampa** press	**la telenovela** soap	**in differita** prerecorded	**in diretta** live
la programmazione programming	**il telegiornale** news	**le serie televisiva** television series	**il gioco a premi** game show	**il cartone animato** cartoon	**trasmettere** broadcast (v)

l'intervistatore
interviewer

la cronista
reporter

il gobbo
autocue

l'annunciatrice
newsreader

gli attori
actors

la giraffa
sound boom

il ciac
clapper board

il set
film set

la radio • radio

il tecnico del suono
sound technician

il piano di mixaggio
mixing desk

il microfono
microphone

lo studio di registrazione | recording studio

vocabolario • vocabulary

il canale radiofonico
radio station

la frequenza
frequency

il DJ
DJ

il volume
volume

la trasmissione
broadcast

sintonizzare
tune (v)

la lunghezza d'onda
wavelength

l'onda corta
short wave

l'onda lunga
long wave

l'onda media
medium wave

analogico
analogue

digitale
digital

la legge • law

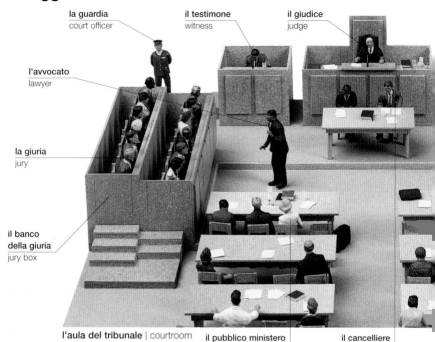

la guardia
court officer

il testimone
witness

il giudice
judge

l'avvocato
lawyer

la giuria
jury

il banco
della giuria
jury box

l'aula del tribunale | courtroom

il pubblico ministero
prosecution

il cancelliere
court official

vocabolario • vocabulary

il cliente client	**la citazione** summons	**l'ordine** writ	**il procedimento** court case
la consulenza legale legal advice	**la dichiarazione** statement	**l'accusato** accused	**l'imputazione** charge
lo studio dell'avvocato lawyer's office	**il mandato** warrant	**l'arringa** plea	**la data di comparizione** court date

lo stenografo
stenographer

la persona sospetta
suspect

l'imputato
defendant

la difesa
defence

il criminale
criminal

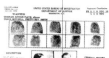

il fotofit
photofit

la fedina penale
criminal record

la guardia carceraria
prison guard

la cella
cell

il carcere
prison

---

vocabolario • vocabulary

la prova evidence	**colpevole** guilty	**la cauzione** bail	**Voglio vedere un avvocato.** I want to see a lawyer.
il verdetto verdict	**assolto** acquitted	**il ricorso** appeal	**Dov'è il palazzo di giustizia?** Where is the courthouse?
innocente innocent	**la sentenza** sentence	**la libertà condizionale** parole	**Posso versare una cauzione?** Can I post bail?

---

la fattoria 1 • farm 1

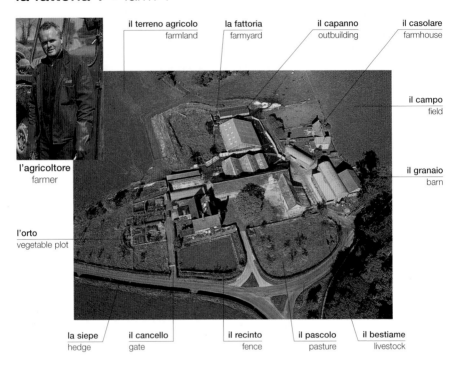

il terreno agricolo | farmland

la fattoria | farmyard

il capanno | outbuilding

il casolare | farmhouse

il campo | field

l'agricoltore | farmer

il granaio | barn

l'orto | vegetable plot

la siepe | hedge

il cancello | gate

il recinto | fence

il pascolo | pasture

il bestiame | livestock

l'aratro | cultivator

il trattore | tractor

la mietitrebbia | combine harvester

i tipi di fattoria • types of farm

prodotto
die campi
crop

l'azienda agricola
arable farm

il caseificio
dairy farm

il gregge
flock

**l'allevamento
di pecore**
sheep farm

l'azienda avicola
poultry farm

l'allevamento di maiali
pig farm

la pescicoltura
fish farm

la frutticoltura
fruit farm

la vigna
vine

il vigneto
vineyard

le attività • actions

il solco
furrow

arare
plough (v)

seminare
sow (v)

mungere
milk (v)

dar da mangiare
feed (v)

irrigare | water (v)

raccogliere | harvest (v)

vocabolario • vocabulary

l'erbicida	**la mandria**	**la mangiatoia**
herbicide	herd	trough
il pesticida	**il silos**	**piantare**
pesticide	silo	plant (v)

la fattoria 2 • farm 2

le colture • crops

il grano
wheat

il granturco
corn

l'orzo
barley

la colza
rapeseed

il girasole
sunflower

la balla
bale

il fieno
hay

l'alfalfa
alfalfa

il tabacco
tobacco

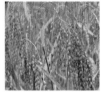
il riso
rice

il tè
tea

il caffè
coffee

il lino
flax

la canna da zucchero
sugarcane

il cotone
cotton

lo spaventapasseri
scarecrow

il bestiame • livestock

il maialino
piglet

il maiale
pig

il vitello
calf

la mucca
cow

il toro
bull

la pecora
sheep

l'agnello
lamb

il capretto
kid

la capra
goat

il puledro
foal

il cavallo
horse

l'asino
donkey

il pulcino
chick

la gallina
chicken

il gallo
cockerel

il tacchino
turkey

l'anatroccolo
duckling

l'anatra
duck

la stalla
stable

il recinto
pen

il pollaio
chicken coop

il porcile
pigsty

l'edilizia • construction

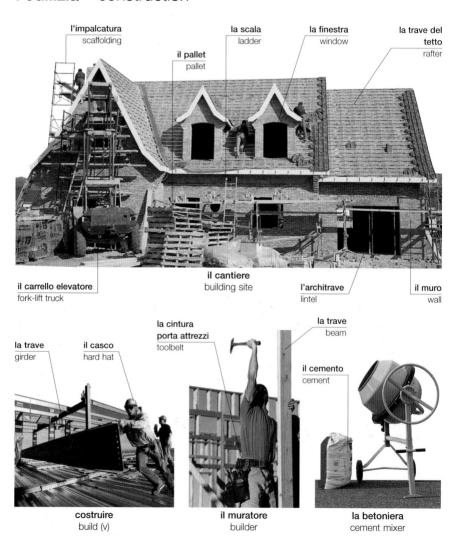

l'impalcatura
scaffolding

il pallet
pallet

la scala
ladder

la finestra
window

la trave del tetto
rafter

il carrello elevatore
fork-lift truck

il cantiere
building site

l'architrave
lintel

il muro
wall

la trave
girder

il casco
hard hat

la cintura porta attrezzi
toolbelt

la trave
beam

il cemento
cement

costruire
build (v)

il muratore
builder

la betoniera
cement mixer

i materiali • materials

il mattone
brick

il legno
timber

la tegola
roof tile

mattoni di cimento
breeze block

gli attrezzi • tools

la malta
mortar

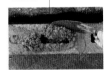

la cazzuola
trowel

la livella
spirit level

il manico
handle

la mazza
sledgehammer

il piccone
pickaxe

la pala
shovel

i macchinari • machinery

il rullo compressore
roadroller

il camion con cassone ribaltabile
dumper truck

il supporto
support

il gancio
hook

la gru | crane

i lavori stradali • roadworks

l'asfalto
tarmac

il birillo
cone

il martello pneumatico
pneumatic drill

la riasfaltatura
resurfacing

l'escavatrice meccanica
mechanical digger

i mestieri 1 • occupations 1

il falegname
carpenter

l'elettricista
electrician

l'idraulico
plumber

il muratore
builder

il giardiniere
gardener

l'aspirapolvere
vacuum cleaner
l'addetto alle pulizie
cleaner

il meccanico
mechanic

il macellaio
butcher

il parrucchiere
hairdresser

la pescivendola
fishmonger

il fruttivendolo
greengrocer

la fioraia
florist

il barbiere
barber

il gioielliere
jeweller

la commessa
shop assistant

l'agente immobiliare
estate agent

l'ottico
optician

la
mascherina
mask

la dentista
dentist

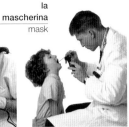

il medico
doctor

la farmacista
pharmacist

l'infermiera
nurse

la veterinaria
vet

l'agricoltore
farmer

il pescatore
fisherman

la
mitragliatrice
machine gun

il distintivo
identity badge

la guardia di sicurezza
security guard

la **divisa**
uniform

il marinaio
sailor

il soldato
soldier

il poliziotto
policeman

il vigile del fuoco
fireman

i mestieri 2 • occupations 2

l'avvocatessa
lawyer

il commercialista
accountant

il modello
model

l'architetto
architect

la scienziata
scientist

l'insegnante
teacher

il bibliotecario
librarian

l'addetta alla ricezione
receptionist

la
borsa
mailbag

il postino
postman

l'autista
bus driver

il camionista
lorry driver

il tassista
taxi driver

il pilota
pilot

l'assistente di volo
air stewardess

l'agente di viaggio
travel agent

il cappello
chef's hat

il cuoco
chef

il tutù
tutu

il musicista
musician

la ballerina
dancer

l'attrice
actress

la cantante
singer

la cameriera
waitress

il barista
bartender

l'atleta
sportsman

lo scultore
sculptor

la pittrice
painter

il fotografo
photographer

l'annunciatrice
newsreader

gli appunti
notes

il giornalista
journalist

la redattrice
editor

il disegnatore
designer

la costumista
seamstress

il sarto
tailor

i trasporti
transport

le strade • roads

l'autostrada
motorway

il casello
toll booth

la segnaletica
orizzontale
road markings

la rampa
di accesso
slip road

la strada a
senso unico
one-way

la linea divisoria
divider

l'incrocio
junction

il semaforo
traffic light

la corsia interna
inside lane

la corsia
centrale
middle lane

la corsia di
sorpasso
outside lane

la rampa di uscita
exit ramp

il traffico
traffic

il cavalcavia
flyover

la corsia
d'emergenza
hard shoulder

il camion
lorry

la banchina
spartitraffico
central
reservation

il sottopassaggio
underpass

il passaggio pedonale
pedestrian crossing

il telefono per emergenze
emergency phone

il parcheggio per disabili
disabled parking

l'ingorgo
traffic jam

il navigatore satellitare
satnav

il vigile urbano
traffic policeman

il parchimetro
parking meter

vocabolario • vocabulary

la rotatoria roundabout	**sorpassare** overtake (v)	**i lavori stradali** roadworks
la deviazione diversion	**parcheggiare** park (v)	**la carreggiata doppia** dual carriageway
il guardrail crash barrier	**rimorchiare** tow away (v)	**È questa la strada per...?** Is this the road to...?
fare marcia indietro reverse (v)	**guidare** drive (v)	**Dove posso parcheggiare?** Where can I park?

i cartelli stradali • road signs

ingresso vietato
no entry

il limite di velocità
speed limit

pericolo
hazard

sosta vietata
no stopping

svolta a destra vietata
no right turn

l'autobus • bus

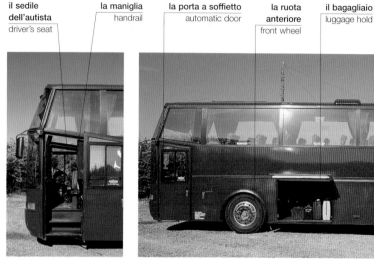

il sedile
dell'autista
driver's seat

la maniglia
handrail

la porta a soffietto
automatic door

la ruota
anteriore
front wheel

il bagagliaio
luggage hold

la porta | door

il pullman | coach

i tipi di autobus • types of buses

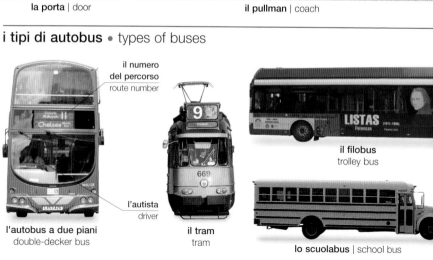

il numero
del percorso
route number

l'autista
driver

l'autobus a due piani
double-decker bus

il tram
tram

il filobus
trolley bus

lo scuolabus | school bus

la ruota
posteriore
rear wheel

il finestrino
window

il pulsante
di chiamata
stop button

il biglietto
bus ticket

il campanello
bell

l'autostazione
bus station

la fermata
dell'autobus
bus stop

vocabolario • vocabulary

la tariffa fare	**la pensilina** bus shelter
l'orario timetable	**l'accesso per sedie a rotelle** wheelchair access
Ferma a...? Do you stop at...?	**Qual è l'autobus per...?** Which bus goes to...?

il pulmino
minibus

This is an official London Sightseeing Bus.
LONDON PRIDE

il pullman turistico | tourist bus

AIRPORT EXPRESS
VIA CENTRAL RAILWAY & DOMESTIC TERMINALS
300 CITY
168
AIRPORT EXPRESS

la navetta | shuttle bus

l'automobile 1 • car 1

l'esterno • exterior

lo specchietto retrovisore
rear-view mirror

il tergicristallo
windscreen wiper

lo sportello
door

lo specchietto laterale
wing mirror

il parabrezza
windscreen

il bagagliaio
boot

il cofano
bonnet

la freccia
indicator

la targa
licence plate

il paraurti
bumper

il faro
headlight

la ruota
wheel

il pneumatico
tyre

i bagagli
luggage

il portabagagli
roof rack

il portellone
tailgate

la cintura di sicurezza
seat belt

il seggiolino per bambino
child seat

i tipi • types

l'automobile elettrica
electric car

l'auto a cinque porte
hatchback

la berlina
saloon

l'auto familiare
estate

l'auto decappottabile
convertible

l'auto sportiva
sports car

la monovolume
people carrier

il fuoristrada
four-wheel drive

l'auto d'epoca
vintage

la limousine
limousine

la stazione di servizio • petrol station

il distributore di benzina
petrol pump

il prezzo
price

l'area di stazionamento
forecourt

vocabolario • vocabulary

l'olio oil	piombata leaded	l'autolavaggio car wash
la benzina petrol	il diesel diesel	l'antigelo antifreeze
senza piombo unleaded	il garage garage	il detergente per vetri screenwash

Il pieno per favore.
Fill the tank, please.

l'automobile 2 • car 2

l'interno • interior

il sedile posteriore
back seat

il bracciolo
armrest

il poggiatesta
headrest

la sicura
door lock

la maniglia
handle

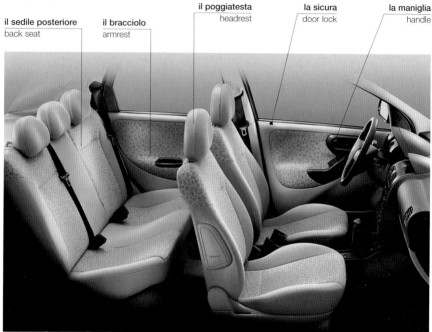

---

vocabolario • vocabulary

a due porte two-door	**a quattro porte** four-door	**automatico** automatic	**il freno** brake	**l'acceleratore** accelerator
a tre porte three-door	**manuale** manual	**l'accensione** ignition	**la frizione** clutch	**l'aria condizionata** air conditioning

Può indicarmi la strada per...?
Can you tell me the way to...?

Dov'è il parcheggio?
Where is the car park?

Posso parcheggiare qui?
Can I park here?

---

i comandi • controls

il volante
steering
wheel

il clacson
horn

il cruscotto
dashboard

le luci intermittenti
hazard lights

la navigazione via satellite
satellite navigation

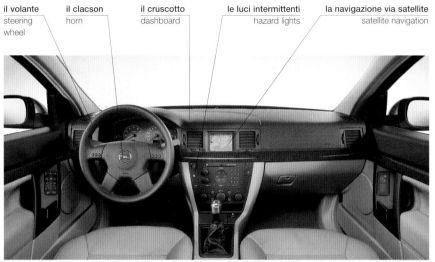

la guida a sinistra | left-hand drive

la spia della
temperatura
temperature gauge

il contagiri
rev counter

il contachilometri
speedometer

la spia del
carburante
fuel gauge

l'autoradio
car stereo

l'interruttore
per le luci
lights switch

i comandi per
il riscaldamento
heater controls

il tachimetro
odometer

l'airbag
air bag

la leva del cambio
gearstick

la guida a destra | right-hand drive

l'automobile 3 • car 3

la meccanica • mechanics

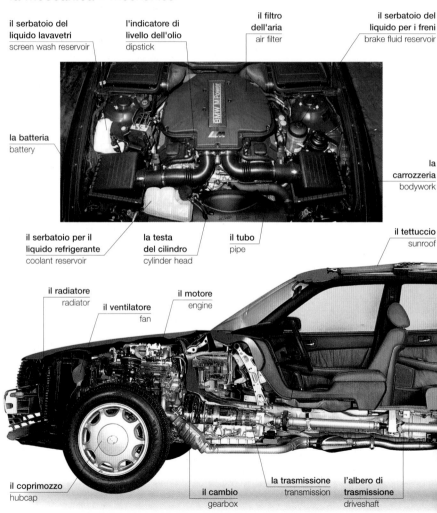

il serbatoio del
liquido lavavetri
screen wash reservoir

l'indicatore di
livello dell'olio
dipstick

il filtro
dell'aria
air filter

il serbatoio del
liquido per i freni
brake fluid reservoir

la batteria
battery

la
carrozzeria
bodywork

il serbatoio per il
liquido refrigerante
coolant reservoir

la testa
del cilindro
cylinder head

il tubo
pipe

il tettuccio
sunroof

il radiatore
radiator

il ventilatore
fan

il motore
engine

il coprimozzo
hubcap

il cambio
gearbox

la trasmissione
transmission

l'albero di
trasmissione
driveshaft

la foratura • puncture

la ruota di scorta
spare tyre

la chiave
wrench

i bulloni della ruota
wheel nuts

il cric
jack

cambiare una ruota
change a wheel (v)

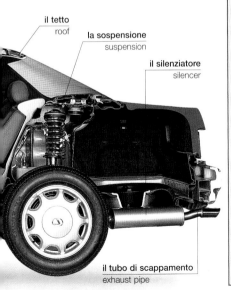

il tetto
roof

la sospensione
suspension

il silenziatore
silencer

il tubo di scappamento
exhaust pipe

vocabolario • vocabulary

l'incidente stradale car accident	**il turbocompressore** turbocharger
il guasto breakdown	**il distributore** distributor
l'assicurazione insurance	**la messa in fase** timing
il carro attrezzi tow truck	**il telaio** chassis
il meccanico mechanic	**il freno a mano** handbrake
la candela spark plug	**l'alternatore** alternator
la scatola dei fusibili fuse box	**la cinghia della camma** cam belt
la pressione dei pneumatici tyre pressure	**Sono in panne.** I've broken down.
la cinghia della ventola fan belt	**La mia macchina non parte.** My car won't start.
il serbatoio della benzina petrol tank	

la motocicletta • motorbike

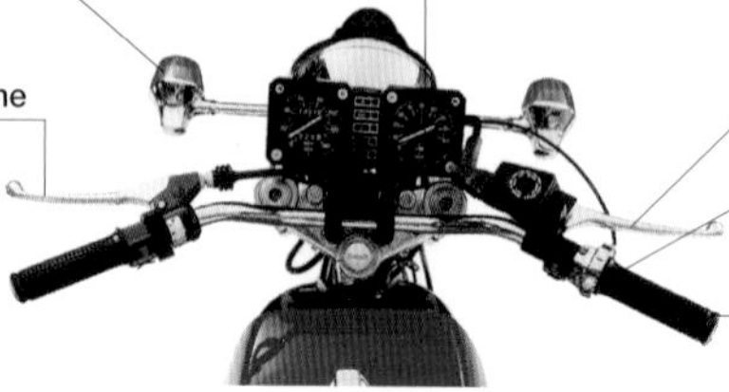

il casco
helmet

la freccia
indicator

il tachimetro
speedometer

il freno
brake

la frizione
clutch

il clacson
horn

l'acceleratore
throttle

i comandi
controls

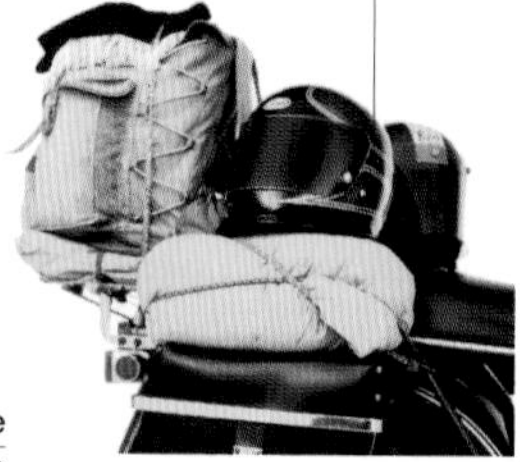

il portapacchi
carrier

il riflettore
reflector

il sellino posteriore
pillion

il sedile
seat

il motore
engine

il serbatoio
fuel tank

il fanale posteriore
tail light

il tubo di
scappamento
exhaust pipe

il silenziatore
silencer

il serbatoio dell'olio
oil tank

la scatola del cambio
gearbox

il filtro dell'aria
air filter

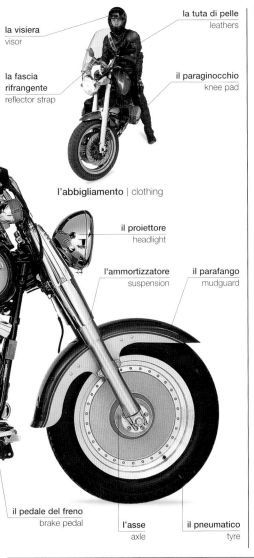

la visiera
visor

la fascia rifrangente
reflector strap

la tuta di pelle
leathers

il paraginocchio
knee pad

l'abbigliamento | clothing

il proiettore
headlight

l'ammortizzatore
suspension

il parafango
mudguard

il pedale del freno
brake pedal

l'asse
axle

il pneumatico
tyre

i tipi • types

la moto da corsa | racing bike

il parabrezza
windshield

la moto da turismo | tourer

la moto da cross | dirt bike

il cavalletto
stand

il motorino | scooter

la bicicletta • bicycle

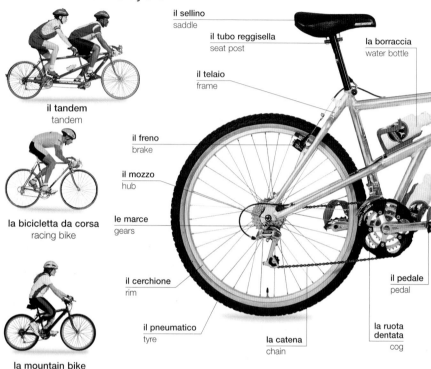

il sellino
saddle

il tubo reggisella
seat post

la borraccia
water bottle

il telaio
frame

il freno
brake

il mozzo
hub

le marce
gears

il cerchione
rim

il pneumatico
tyre

la catena
chain

il pedale
pedal

la ruota
dentata
cog

il tandem
tandem

la bicicletta da corsa
racing bike

la mountain bike
mountain bike

**la bicicletta da
turismo**
touring bike

il casco
helmet

la bicicletta da strada
road bike

la pista ciclabile | cycle lane

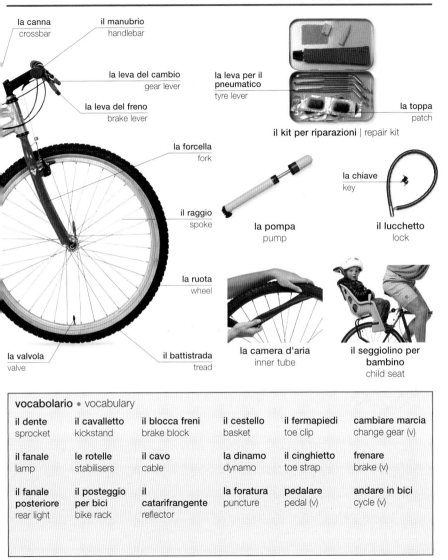

la canna
crossbar

il manubrio
handlebar

la leva del cambio
gear lever

la leva per il
pneumatico
tyre lever

la leva del freno
brake lever

la toppa
patch

il kit per riparazioni | repair kit

la forcella
fork

la chiave
key

il raggio
spoke

la pompa
pump

il lucchetto
lock

la ruota
wheel

la valvola
valve

il battistrada
tread

la camera d'aria
inner tube

il seggiolino per
bambino
child seat

vocabolario • vocabulary

il dente sprocket	il cavalletto kickstand	il blocca freni brake block	il cestello basket	il fermapiedi toe clip	cambiare marcia change gear (v)
il fanale lamp	le rotelle stabilisers	il cavo cable	la dinamo dynamo	il cinghietto toe strap	frenare brake (v)
il fanale posteriore rear light	il posteggio per bici bike rack	il catarifrangente reflector	la foratura puncture	pedalare pedal (v)	andare in bici cycle (v)

il treno • train

il vagone
carriage

il binario
platform

il carrello
trolley

il numero del binario
platform number

il pendolare
commuter

la stazione ferroviaria | train station

i tipi di treno • types of train

la locomotiva
engine

la cabina del conducente
driver's cab

la rotaia
rail

il treno a vapore
steam train

il treno diesel | diesel train

il treno elettrico
electric train

il treno ad alta velocità
high-speed train

la monorotaia
monorail

la metropolitana
underground train

il tram
tram

il treno merci
freight train

il portabagagli
luggage rack

il finestrino
window

il binario
track

la porta
door

il sedile
seat

la barriera
ticket barrier

lo scompartimento
compartment

l'altoparlante
public address system

l'orario
timetable

il biglietto
ticket

il vagone ristorante | dining car

l'atrio | concourse

lo scompartimento a cuccette
sleeping compartment

---

vocabolario • vocabulary

la rete ferroviaria rail network	**il ritardo** delay	**la biglietteria** ticket office	**il binario elettrificato** live rail
il treno intercity inter-city train	**la tariffa** fare	**il controllore** ticket inspector	**il segnale** signal
l'ora di punta rush hour	**la mappa della metropolitana** underground map	**cambiare** change (v)	**la leva di emergenza** emergency lever

---

l'aeroplano • aircraft

l'aereo di linea • airliner

il muso
nose

la cabina di
pilotaggio
cockpit

il motore
engine

la fusoliera
fuselage

l'ala
wing

la coda
tail

il timone
rudder

l'uscita
exit

la ruota anteriore
nosewheel

il carrello d'atterraggio
landing gear

l'alettone
aileron

l'aletta
fin

lo stabilizzatore
tailplane

la cabina • cabin

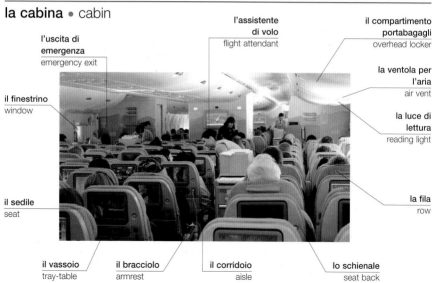

l'uscita di
emergenza
emergency exit

l'assistente
di volo
flight attendant

il compartimento
portabagagli
overhead locker

la ventola per
l'aria
air vent

la luce di
lettura
reading light

il finestrino
window

il sedile
seat

la fila
row

il vassoio
tray-table

il bracciolo
armrest

il corridoio
aisle

lo schienale
seat back

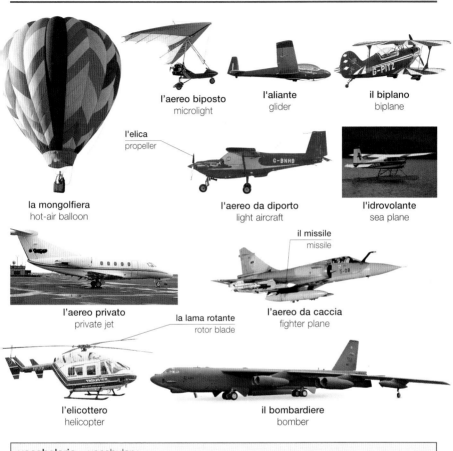

l'aereo biposto
microlight

l'aliante
glider

il biplano
biplane

l'elica
propeller

la mongolfiera
hot-air balloon

l'aereo da diporto
light aircraft

l'idrovolante
sea plane

il missile
missile

l'aereo privato
private jet

la lama rotante
rotor blade

l'aereo da caccia
fighter plane

l'elicottero
helicopter

il bombardiere
bomber

vocabolario • vocabulary

il pilota pilot	**decollare** take off (v)	**atterrare** land (v)	**la classe economica** economy class	**il bagaglio a mano** hand luggage
il copilota co-pilot	**volare** fly (v)	**la quota** altitude	**la business class** business class	**la cintura di sicurezza** seat belt

l'aeroporto • airport

l'area di stazionamento
apron

il carrello portabagagli
baggage trailer

il terminal
terminal

il veicolo di servizio
service vehicle

il passaggio pedonale
jetway

l'aereo di linea | airliner

---

vocabolario • vocabulary

la pista runway	**il numero del volo** flight number	**il nastro trasportatore** carousel	**la vacanza** holiday
la coincidenza connection	**l'immigrazione** immigration	**la sicurezza** security	**prenotare un volo** book a flight (v)
il volo nazionale domestic flight	**la dogana** customs	**l'apparecchio a raggi x** x-ray machine	**fare il check-in** check in (v)
il volo internazionale international flight	**il bagaglio in eccedenza** excess baggage	**l'opuscolo vacanze** holiday brochure	**la torre di controllo** control tower

il bagaglio a mano
hand luggage

il visto
visa

il passaporto | passport

il bagaglio
luggage

il carrello
trolley

il banco accettazione
check-in desk

il controllo passaporti
passport control

la carta d'imbarco
boarding pass

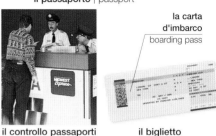

il biglietto
ticket

il numero dell'uscita
gate number

le partenze
departures

la sala delle partenze
departure lounge

la destinazione
destination

gli arrivi
arrivals

il pannello degli orari
information screen

il negozio duty free
duty-free shop

il ricupero bagagli
baggage reclaim

il posteggio dei taxi
taxi rank

l'autonoleggio
car hire

la nave • ship

l'antenna della radio
radio antenna

il ponte
deck

il fumaiolo
funnel

il casseretto
quarterdeck

il radar
radar

la prua
prow

la marca di
bordo libero
Plimsoll line

l'oblò
porthole

lo scafo
hull

la lancia di
salvataggio
lifeboat

la chiglia
keel

l'elica
propeller

la nave da crociera
ocean liner

il ponte di comando
bridge

la sala macchine
engine room

la cabina
cabin

la cucina di bordo
galley

vocabolario • vocabulary

il bacino dock	**il mulinello** windlass
il porto port	**il capitano** captain
la passerella gangway	**il motoscafo** speedboat
l'ancora anchor	**la barca a remi** rowing boat
la colonna d'ormeggio bollard	**la canoa** canoe

altre imbarcazioni • other ships

il traghetto
ferry

il motore fuoribordo
outboard motor

il gommone
inflatable dinghy

l'aliscafo
hydrofoil

lo yacht
yacht

il catamarano
catamaran

il rimorchiatore
tug boat

l'hovercraft
hovercraft

la nave porta container
container ship

il sartiame
rigging

la stiva
hold

la barca a vela
sailing boat

la nave da trasporto
freighter

la petroliera
oil tanker

la portaerei
aircraft carrier

la nave da guerra
battleship

la torretta di
comando
conning tower

il sottomarino
submarine

il porto • port

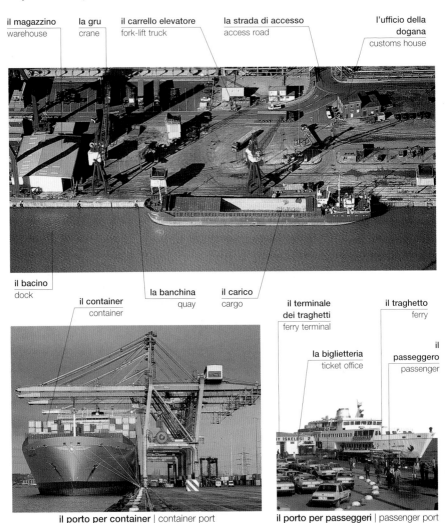

il magazzino
warehouse

la gru
crane

il carrello elevatore
fork-lift truck

la strada di accesso
access road

l'ufficio della
dogana
customs house

il bacino
dock

il container
container

la banchina
quay

il carico
cargo

il terminale
dei traghetti
ferry terminal

il traghetto
ferry

la biglietteria
ticket office

il
passeggero
passenger

il porto per container | container port

il porto per passeggeri | passenger port

la rete
net

la barca da pesca
fishing boat

l'ormeggio
mooring

il porto turistico
marina

il porto da pesca
fishing port

il porto
harbour

il pontile
pier

il molo
jetty

il cantiere navale
shipyard

la luce
lamp

il faro
lighthouse

la boa
buoy

vocabolario • vocabulary

il guardacoste coastguard	**mollare l'ancora** drop anchor (v)	**imbarcare** board (v)
il capitano di porto harbour master	**ormeggiare** moor (v)	**sbarcare** disembark (v)
il bacino di carenaggio dry dock	**approdare** dock (v)	**salpare** set sail (v)

il football americano • American football

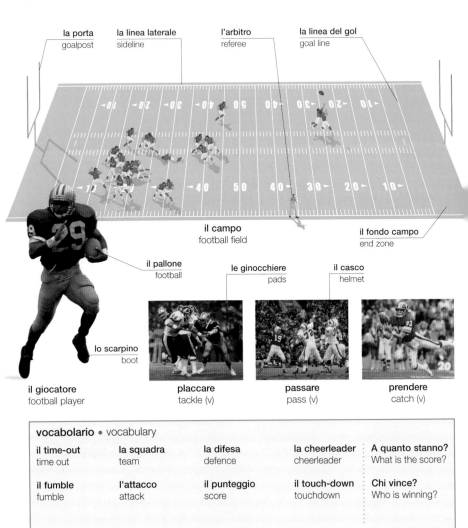

la porta
goalpost

la linea laterale
sideline

l'arbitro
referee

la linea del gol
goal line

il campo
football field

il fondo campo
end zone

il pallone
football

le ginocchiere
pads

il casco
helmet

lo scarpino
boot

il giocatore
football player

placcare
tackle (v)

passare
pass (v)

prendere
catch (v)

vocabolario • vocabulary

il time-out time out	**la squadra** team	**la difesa** defence	**la cheerleader** cheerleader	**A quanto stanno?** What is the score?
il fumble fumble	**l'attacco** attack	**il punteggio** score	**il touch-down** touchdown	**Chi vince?** Who is winning?

il rugby • rugby

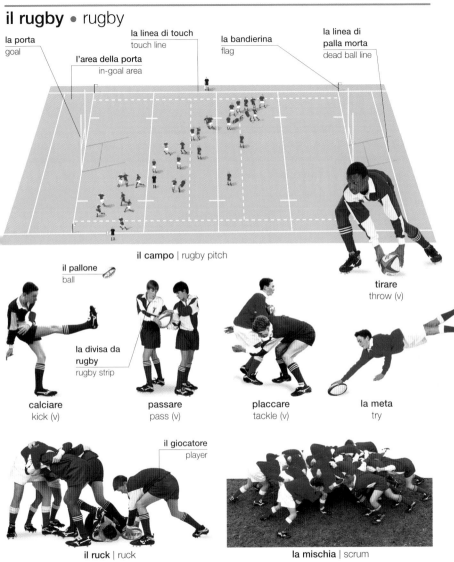

la porta
goal

la linea di touch
touch line

la bandierina
flag

la linea di
palla morta
dead ball line

l'area della porta
in-goal area

il campo | rugby pitch

il pallone
ball

tirare
throw (v)

la divisa da
rugby
rugby strip

calciare
kick (v)

passare
pass (v)

placcare
tackle (v)

la meta
try

il giocatore
player

il ruck | ruck

la mischia | scrum

il calcio • soccer

il pallone
football

il calciatore
footballer

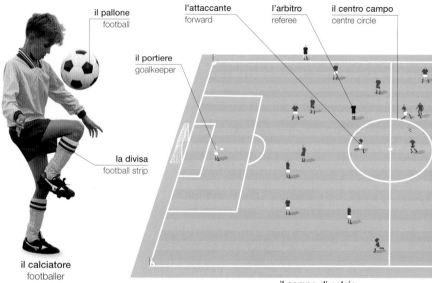

l'attaccante
forward

l'arbitro
referee

il centro campo
centre circle

il portiere
goalkeeper

la divisa
football strip

il campo di calcio
football pitch

il palo
goalpost

la rete
net

la traversa
crossbar

dribblare | dribble (v)

colpire di testa
head (v)

il muro
wall

il gol | goal

il calcio di punizione | free kick

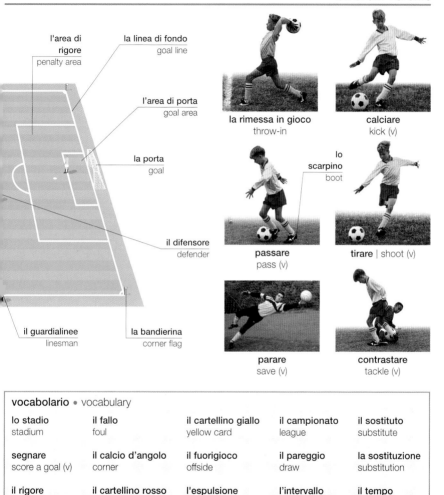

l'area di rigore
penalty area

la linea di fondo
goal line

l'area di porta
goal area

la porta
goal

il difensore
defender

il guardialinee
linesman

la bandierina
corner flag

la rimessa in gioco
throw-in

calciare
kick (v)

lo scarpino
boot

passare
pass (v)

tirare | shoot (v)

parare
save (v)

contrastare
tackle (v)

vocabolario • vocabulary

lo stadio stadium	**il fallo** foul	**il cartellino giallo** yellow card	**il campionato** league	**il sostituto** substitute
segnare score a goal (v)	**il calcio d'angolo** corner	**il fuorigioco** offside	**il pareggio** draw	**la sostituzione** substitution
il rigore penalty	**il cartellino rosso** red card	**l'espulsione** send off	**l'intervallo** half time	**il tempo supplementare** extra time

l'hockey • hockey

l'hockey su ghiaccio • ice hockey

l'area di difesa
defending zone

la linea
della porta
goal line

l'area di
attacco
attack zone

l'area neutrale
neutral zone

il portiere
goalkeeper

il circolo di
confronto
face-off circle

la porta
goal

il cerchio centrale
centre circle

il guanto
glove

il paraspalle
pad

la pista da hockey su ghiaccio
ice hockey rink

la mazza
stick

il pattino
ice skate

l'hockey sull'erba • field hockey

la mazza da hockey
hockey stick

la pallina
ball

il dischetto
puck

il giocatore di hockey su ghiaccio
ice hockey player

pattinare
skate (v)

colpire
hit (v)

il cricket • cricket

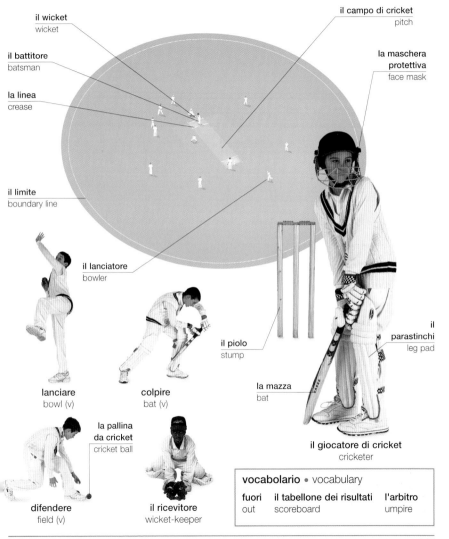

il wicket
wicket

il campo di cricket
pitch

il battitore
batsman

la maschera
protettiva
face mask

la linea
crease

il limite
boundary line

il lanciatore
bowler

il piolo
stump

il
parastinchi
leg pad

la mazza
bat

lanciare
bowl (v)

colpire
bat (v)

la pallina
da cricket
cricket ball

il giocatore di cricket
cricketer

difendere
field (v)

il ricevitore
wicket-keeper

vocabolario • vocabulary		
fuori	il tabellone dei risultati	l'arbitro
out	scoreboard	umpire

la pallacanestro • basketball

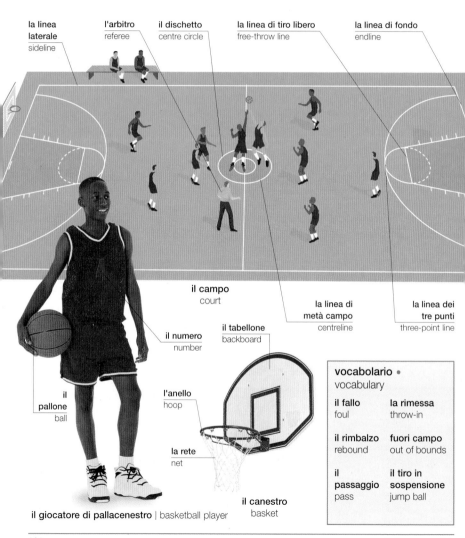

la linea
laterale
sideline

l'arbitro
referee

il dischetto
centre circle

la linea di tiro libero
free-throw line

la linea di fondo
endline

il campo
court

la linea di
metà campo
centreline

la linea dei
tre punti
three-point line

il numero
number

il tabellone
backboard

il
pallone
ball

l'anello
hoop

la rete
net

il giocatore di pallacanestro | basketball player

il canestro
basket

vocabolario •
vocabulary

il fallo foul	la rimessa throw-in
il rimbalzo rebound	fuori campo out of bounds
il passaggio pass	il tiro in sospensione jump ball

le azioni • actions

tirare
throw (v)

acchiappare
catch (v)

tirare
shoot (v)

saltare
jump (v)

marcare
mark (v)

bloccare
block (v)

palleggiare
bounce (v)

segnare
dunk (v)

la pallavolo • volleyball

contrastare
block (v)

la rete
net

difendere
dig (v)

l'arbitro
referee

la ginocchiera
knee support

il campo | court

il baseball • baseball

il campo • field

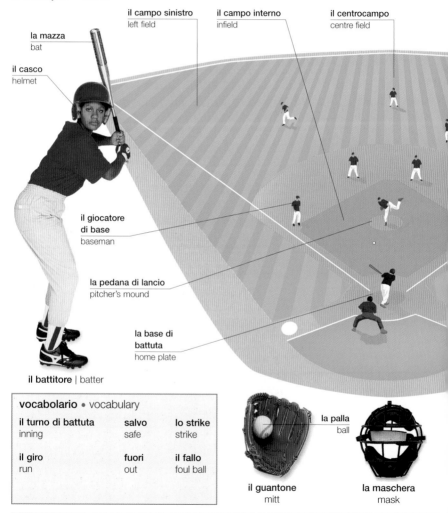

il campo sinistro
left field

il campo interno
infield

il centrocampo
centre field

la mazza
bat

il casco
helmet

il giocatore di base
baseman

la pedana di lancio
pitcher's mound

la base di battuta
home plate

il battitore | batter

---

vocabolario • vocabulary

il turno di battuta inning	**salvo** safe	**lo strike** strike
il giro run	**fuori** out	**il fallo** foul ball

la palla
ball

il guantone
mitt

la maschera
mask

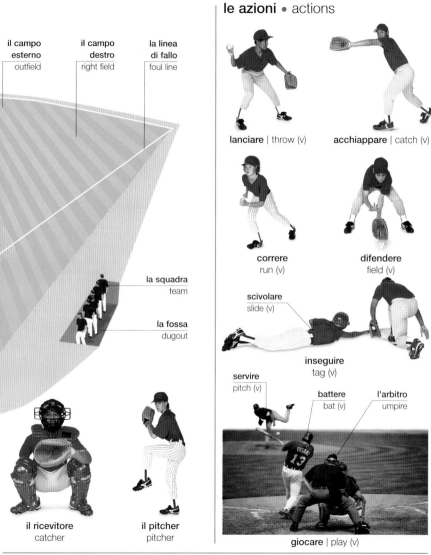

le azioni • actions

il campo esterno | outfield

il campo destro | right field

la linea di fallo | foul line

la squadra | team

la fossa | dugout

il ricevitore | catcher

il pitcher | pitcher

lanciare | throw (v)

acchiappare | catch (v)

correre | run (v)

difendere | field (v)

scivolare | slide (v)

inseguire | tag (v)

servire | pitch (v)

battere | bat (v)

l'arbitro | umpire

giocare | play (v)

il tennis • tennis

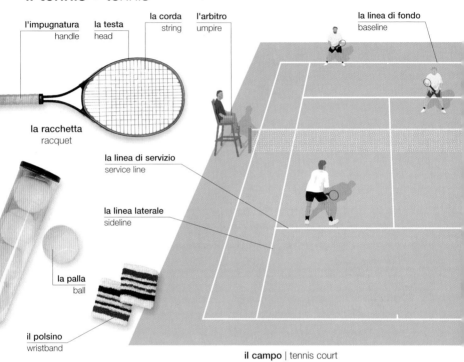

l'impugnatura
handle

la testa
head

la corda
string

l'arbitro
umpire

la linea di fondo
baseline

la racchetta
racquet

la linea di servizio
service line

la linea laterale
sideline

la palla
ball

il polsino
wristband

il campo | tennis court

i colpi • strokes

la rete
net

la
schiacciata
smash

il raccattapalle
ball boy

**battere
il servizio**
serve (v)

**le scarpe
da tennis**
tennis shoes

il tennista
player

il servizio
serve

la volée
volley

il ritorno
return

il pallonetto
lob

il dritto
forehand

il rovescio
backhand

i giochi con la racchetta • racquet games

il volano
shuttlecock

la racchetta
bat

il badminton
badminton

il ping pong
table tennis

lo squash
squash

il racquetball
racquetball

il golf • golf

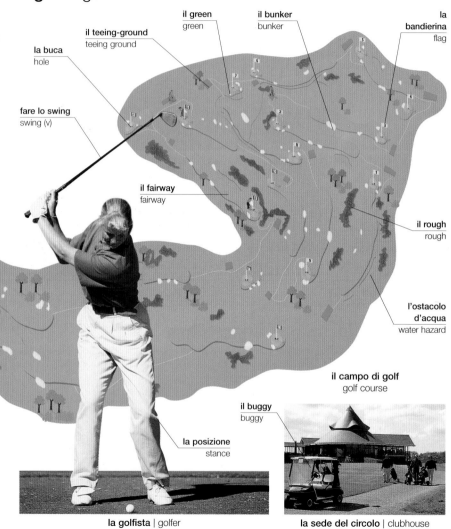

il teeing-ground
teeing ground

il green
green

il bunker
bunker

la bandierina
flag

la buca
hole

fare lo swing
swing (v)

il fairway
fairway

il rough
rough

l'ostacolo d'acqua
water hazard

il campo di golf
golf course

il buggy
buggy

la posizione
stance

la golfista | golfer

la sede del circolo | clubhouse

le attrezzature • equipment

la pallina da golf
golf ball

il tee
tee

la sacca da golf
golf bag

i chiodi
spikes

il guanto
glove

il carrellino
golf trolley

la scarpa da golf
golf shoe

le mazze da golf • golf clubs

la mazza di legno
wood

il putter
putter

le azioni • actions

la mazza di ferro
iron

la mazza ricurva
wedge

cominciare la partita tee-off (v)	colpire a distanza drive (v)	colpire leggermente putt (v)	colpire da vicino chip (v)

---

vocabolario • vocabulary

il par par	**l'overpar** over par	**l'handicap** handicap	**il caddy** caddy	**il colpo** stroke	**il back-swing** backswing
l'underpar under par	**la buca in uno** hole in one	**il torneo** tournament	**gli spettatori** spectators	**lo swing di pratica** practice swing	**la linea di gioco** line of play

---

l'atletica • athletics

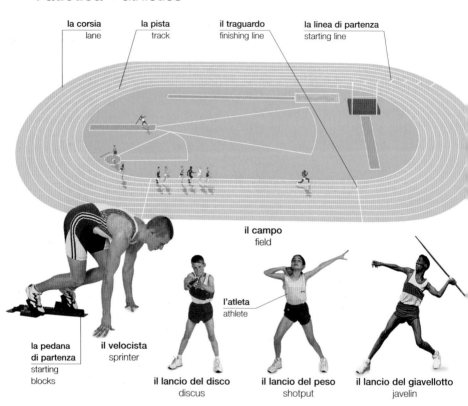

la corsia
lane

la pista
track

il traguardo
finishing line

la linea di partenza
starting line

il campo
field

l'atleta
athlete

la pedana di partenza
starting blocks

il velocista
sprinter

il lancio del disco
discus

il lancio del peso
shotput

il lancio del giavellotto
javelin

vocabolario • vocabulary			
la gara race	**il primato** record	**il fotofinish** photo finish	**il salto con l'asta** pole vault
il tempo time	**battere un primato** break a record (v)	**la maratona** marathon	**il primato personale** personal best

il cronometro
stopwatch

il testimone
baton

la sbarra
crossbar

la staffetta
relay race

il salto in alto
high jump

il salto in lungo
long jump

la corsa a ostacoli
hurdles

la ginnastica • gymnastics

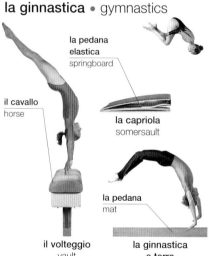

la pedana
elastica
springboard

il cavallo
horse

la capriola
somersault

la pedana
mat

il volteggio
vault

**la ginnastica
a terra**
floor exercises

la ginnasta
gymnast

la trave
beam

il nastro
ribbon

la ruota
cartwheel

la ginnastica ritmica
rhythmic gymnastics

---

vocabolario • vocabulary

la sbarra horizontal bar	**le sbarre asimmetriche** asymmetric bars	**gli anelli** rings	**le medaglie** medals	**l'argento** silver
le parallele parallel bars	**il cavallo** pommel horse	**il podio** podium	**l'oro** gold	**il bronzo** bronze

---

gli sport da combattimento • combat sports

l'avversario
opponent

il casco
guard

il guanto
glove

la cintura
belt

il tae kwondo
tae-kwon-do

il karate
karate

la maschera
mask

il judo
judo

la
sciabola
sword

l'aikido
aikido

il kendo
kendo

il kung fu
kung fu

il kickboxing
kickboxing

la lotta greco-romana
wrestling

il pugilato
boxing

le mosse • actions

la scivolata
fall

la presa
hold

la proiezione
throw

la caduta
pin

il calcio
kick

il pugno
punch

il colpo
strike

il salto
jump

la parata
block

il colpo di taglio
chop

---

vocabolario • vocabulary

il ring boxing ring	**il round** round	**il pugno** fist	**la cintura nera** black belt	**la capoeira** capoeira
i guantoni boxing gloves	**l'incontro** bout	**il k.o** knock out	**l'autodifesa** self-defence	**il sumo** sumo wrestling
il paradenti mouth guard	**l'allenamento** sparring	**il sacco** punchbag	**le arti marziali** martial arts	**il tai-chi** Tai Chi

il nuoto • swimming
l'attrezzatura • equipment

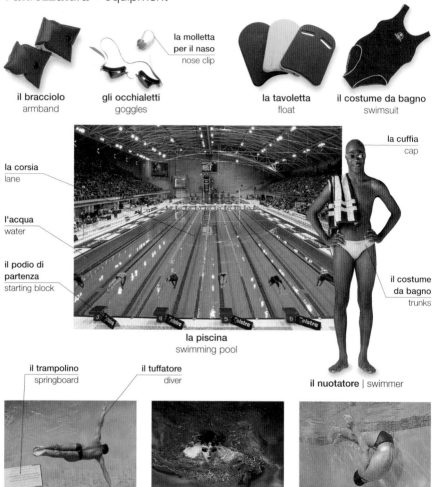

la molletta
per il naso
nose clip

il bracciolo
armband

gli occhialetti
goggles

la tavoletta
float

il costume da bagno
swimsuit

la cuffia
cap

la corsia
lane

l'acqua
water

il podio di
partenza
starting block

il costume
da bagno
trunks

la piscina
swimming pool

il nuotatore | swimmer

il trampolino
springboard

il tuffatore
diver

tuffarsi | dive (v)

nuotare | swim (v)

la giravolta | turn

gli stili • styles

lo stile libero
front crawl

la rana
breaststroke

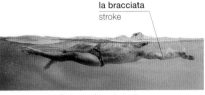

la bracciata
stroke

il dorso | backstroke

la gambata
kick

la farfalla | butterfly

il nuoto subacqueo • scuba diving

la tuta
subacquea
wetsuit

la pinna
flipper

la cintura dei
pesi
weight belt

la bombola
air cylinder

la maschera
mask

il regolatore
regulator

il boccaglio
snorkel

vocabolario • vocabulary

il tuffo dive	**il tuffo alto** high dive	**gli armadietti** lockers	**la pallanuoto** water polo	**la parte bassa** shallow end	**il crampo** cramp
il tuffo di rincorsa racing dive	**tenersi a galla** tread water (v)	**il bagnino** lifeguard	**la parte profonda** deep end	**il nuoto sincronizzato** synchronized swimming	**annegare** drown (v)

la vela • sailing

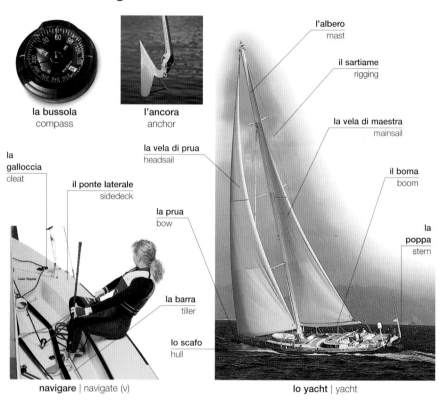

la bussola
compass

l'ancora
anchor

la
galloccia
cleat

il ponte laterale
sidedeck

la vela di prua
headsail

la prua
bow

la barra
tiller

lo scafo
hull

l'albero
mast

il sartiame
rigging

la vela di maestra
mainsail

il boma
boom

la
poppa
stern

navigare | navigate (v)

lo yacht | yacht

la sicurezza • safety

il razzo illuminante
flare

il salvagente
lifebuoy

il giubbotto di
salvataggio
life jacket

la zattera di salvataggio
life raft

gli sport acquatici • watersports

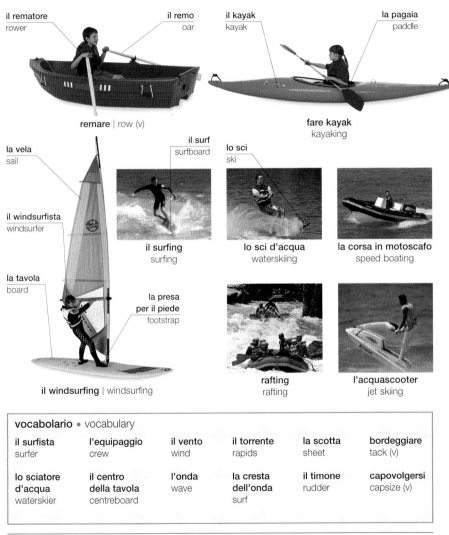

il rematore
rower

il remo
oar

remare | row (v)

il kayak
kayak

la pagaia
paddle

fare kayak
kayaking

la vela
sail

il windsurfista
windsurfer

la tavola
board

il surf
surfboard

il surfing
surfing

la presa
per il piede
footstrap

il windsurfing | windsurfing

lo sci
ski

lo sci d'acqua
waterskiing

la corsa in motoscafo
speed boating

rafting
rafting

l'acquascooter
jet skiing

vocabolario • vocabulary

il surfista surfer	l'equipaggio crew	il vento wind	il torrente rapids	la scotta sheet	bordeggiare tack (v)
lo sciatore d'acqua waterskier	il centro della tavola centreboard	l'onda wave	la cresta dell'onda surf	il timone rudder	capovolgersi capsize (v)

l'equitazione • horse riding

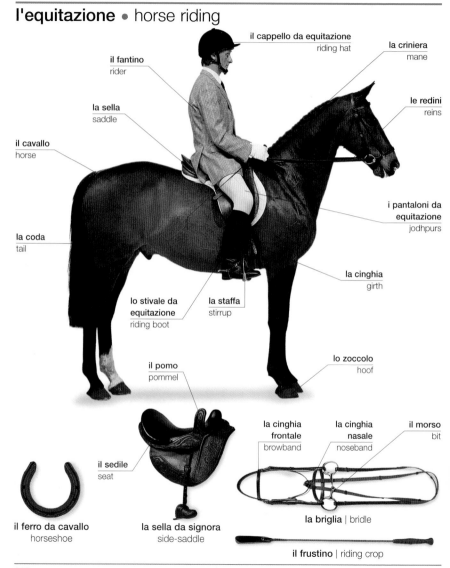

il cappello da equitazione
riding hat

la criniera
mane

il fantino
rider

le redini
reins

la sella
saddle

il cavallo
horse

i pantaloni da
equitazione
jodhpurs

la coda
tail

la cinghia
girth

lo stivale da
equitazione
riding boot

la staffa
stirrup

lo zoccolo
hoof

il pomo
pommel

la cinghia
frontale
browband

la cinghia
nasale
noseband

il morso
bit

il sedile
seat

la briglia | bridle

il ferro da cavallo
horseshoe

la sella da signora
side-saddle

il frustino | riding crop

le corse • events

il cavallo da corsa
racehorse

l'ostacolo
fence

la corsa di cavalli
horse race

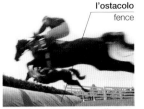

la corsa a ostacoli
steeplechase

la corsa al trotto
harness race

il rodeo
rodeo

il concorso di salto a ostacoli
showjumping

la corsa di carrozze
carriage race

l'escursione a cavallo
trekking

il dressage
dressage

il polo
polo

vocabolario • vocabulary

il passo walk	**il galoppo** gallop	**il salto** jump	**la cavezza** halter	**il recinto** paddock	**l'ippodromo** racecourse
il trotto trot	**il piccolo galoppo** canter	**lo stalliere** groom	**la stalla** stable	**l'arena** arena	**la corsa in piano** flat race

la pesca • fishing

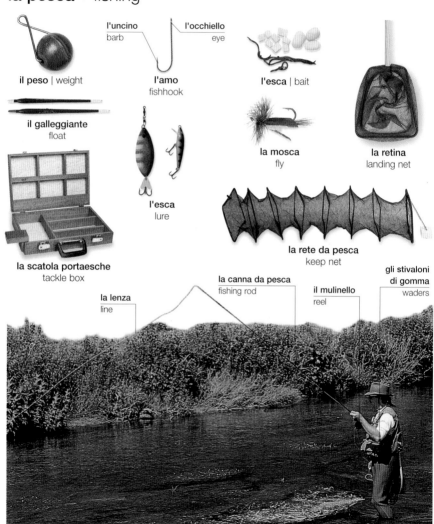

il peso | weight

l'uncino
barb

l'occhiello
eye

l'amo
fishhook

l'esca | bait

il galleggiante
float

l'esca
lure

la mosca
fly

la retina
landing net

la scatola portaesche
tackle box

la rete da pesca
keep net

la lenza
line

la canna da pesca
fishing rod

il mulinello
reel

**gli stivaloni
di gomma**
waders

il pescatore | angler

i tipi di pesca • types of fishing

la pesca in acqua dolce
freshwater fishing

la pesca con la mosca
fly fishing

la pesca sportiva
sport fishing

la pesca in alto mare
deep sea fishing

la pesca dalla riva
surfcasting

le attività • activities

lanciare
cast (v)

prendere
catch (v)

**tirare con il
mulinello**
reel in (v)

**pescare con
la rete**
net (v)

rilasciare
release (v)

---

vocabolario • vocabulary

fornire di esca bait (v)	**l'attrezzatura** tackle	**l'impermeabile** waterproofs	**la licenza di pesca** fishing permit	**la nassa** creel
abboccare bite (v)	**la bobina** spool	**la canna da pesca** pole	**la pesca in mare** marine fishing	**la pesca con la fiocina** spearfishing

---

lo sci • skiing

la pista da sci
ski slope

la seggiovia
chairlift

la funivia
cable car

il guanto
glove

il bastone da sci
ski pole

la punta
tip

la lama
edge

la pista da sci
ski run

la transenna di sicurezza
safety barrier

la giacca da sci
ski jacket

lo sci
ski

la sciatrice
skier

lo scarpone da sci
ski boot

le gare • events

la discesa
downhill skiing

la porta
gate

lo slalom
slalom

il salto
ski jump

lo sci di fondo
cross-country skiing

gli sport invernali • winter sports

**l'arrampicata
su ghiaccio**
ice climbing

**il pattinaggio
su ghiaccio**
ice-skating

gli occhiali
goggles

il pattino
skate

**il pattinaggio
artistico**
figure skating

lo snowboard
snowboarding

il bob
bobsleigh

lo slittino
luge

vocabolario • vocabulary

la valanga avalanche	**fuoripista** off-piste
lo sci alpino alpine skiing	**il curling** curling
lo slalom gigante giant slalom	**il biathlon** biathlon
la corsa su slitta trainata da cani dog sledding	**il pattinaggio di velocità** speed skating

la motoslitta
snowmobile

la corsa su slitta
sledding

gli altri sport • other sports

l'aliante
glider

il deltaplano
hang-glider

il volo a vela
gliding

il paracadute
parachute

il volo in deltaplano
hang-gliding

la corda
rope

l'alpinismo in parete
rock climbing

il paracadutismo
parachuting

il parapendio
paragliding

il paracadutismo libero
skydiving

la cordata
abseiling

il bungee jumping
bungee jumping

il rally
rally driving

il pilota
da corsa
racing driver

l'automobilismo
motor racing

il motocross
motorcross

il motociclismo
motorbike racing

la tavola da
skateboard
skateboard

lo skate board
skateboarding

il pattinaggio in linea
inline skating

la mazza
stick

il lacrosse
lacrosse

la maschera
mask

il fioretto
foil

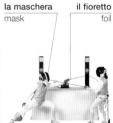

la scherma
fencing

il birillo
pin

la palla da
bowling
bowling ball

il bowling
bowling

l'arco
bow

la freccia
arrow

la faretra
quiver

il tiro con l'arco
archery

il biliardo
pool

il bersaglio
target

il tiro al bersaglio
target shooting

lo snooker
snooker

il fitness • fitness

la cyclette
exercise bike

la macchina per esercizi
gym machine

la panca
bench

i manubri
free weights

la sbarra
bar

la palestra
gym

il vogatore
rowing machine

il tapis roulant
treadmill

il cross trainer
cross trainer

l'istruttore individuale
personal trainer

la macchina per step
step machine

la piscina
swimming pool

la sauna
sauna

gli esercizi • exercises

lo stretching
stretch

lo stiramento
lunge

il collant
tights

le flessioni
press-up

il piegamento delle ginocchia
squat

gli addominali
sit-up

il manubrio
dumbbell

le alzate con il manubrio
bicep curl

la pressa per le gambe
leg press

la pressa per pettorali
chest press

gli scarponcini
trainers

il bilanciere
weight bar

l'addestramento ai pesi
weight training

il footing
jogging

il Pilates
Pilates

---

vocabolario • vocabulary

allenarsi train (v)	**correre sul posto** jog on the spot (v)	**stendere** extend (v)	**la ginnastica prepugilistica** boxercise	**saltare con la corda** skipping
riscaldarsi warm up (v)	**flettere** flex (v)	**sollevare** pull up (v)	**l'allenamento a circuito** circuit training	

il tempo libero
leisure

il teatro • theatre

il sipario
curtain

la quinta
wings

la scenografia
set

il pubblico
audience

l'orchestra
orchestra

il palcoscenico | stage

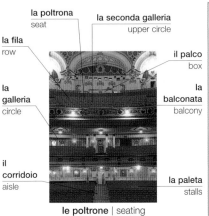

la poltrona
seat

la seconda galleria
upper circle

la fila
row

il palco
box

la
galleria
circle

la
balconata
balcony

il
corridoio
aisle

la paleta
stalls

le poltrone | seating

vocabolario • vocabulary		
l'attrice actress	il regista director	la prima first night
il cast cast	il produttore producer	l'intervallo interval
l'attore actor	il copione script	il programma programme
l'opera teatrale play	il fondale backdrop	il golfo mistico orchestra pit

il concerto
concert

il musical
musical

il costume
costume

il balletto
ballet

vocabolario • vocabulary

la maschera
usher

la musica classica
classical music

la partitura musicale
musical score

la colonna sonora
soundtrack

applaudire
applaud (v)

il bis
encore

Vorrei due biglietti per lo spettacolo di stasera.
I'd like two tickets for tonight's performance.

A che ora inizia?
What time does it start?

l'opera
opera

il cinema • cinema

il popcorn
popcorn

la biglietteria
box office

l'atrio
lobby

il poster
poster

il cinema
cinema hall

lo schermo
screen

vocabolario • vocabulary

la commedia
comedy

il thriller
thriller

il film di orrore
horror film

il western
western

il film d'amore
romance

il film di fantascienza
science fiction film

il film di avventura
adventure film

il film di animazione
animated film

l'orchestra • orchestra

le corde • strings

l'arpa
harp

il direttore di orchestra
conductor

il contrabbasso
double bass

il violino
violin

il podio
podium

la viola
viola

il violoncello
cello

lo spartito
score

la chiave
di sol
treble clef

la nota
note

il
pentagramma
staff

la chiave
di basso
bass clef

l'annotazione | notation

il pianoforte | piano

---

vocabolario • vocabulary

l'ouverture	la sonata	la pausa	il diesis	naturale	la scala
overture	sonata	rest	sharp	natural	scale
la sinfonia	gli strumenti	il tono	il bemolle	la battuta	la bacchetta
symphony	instruments	pitch	flat	bar	baton

gli strumenti a fiato • woodwind

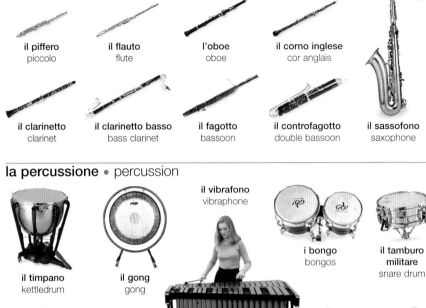

il piffero
piccolo

il flauto
flute

l'oboe
oboe

il corno inglese
cor anglais

il clarinetto
clarinet

il clarinetto basso
bass clarinet

il fagotto
bassoon

il controfagotto
double bassoon

il sassofono
saxophone

la percussione • percussion

il vibrafono
vibraphone

il timpano
kettledrum

il gong
gong

i bongo
bongos

il tamburo militare
snare drum

i cembali
cymbals

il tamburino
tambourine

il triangolo
triangle

i maracas
maracas

il pedale
foot pedal

gli ottoni • brass

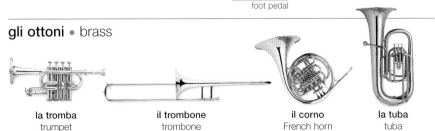

la tromba
trumpet

il trombone
trombone

il corno
French horn

la tuba
tuba

il concerto • concert

l'altoparlante
speaker

i fans
fans

il cantante
lead singer

il chitarrista
guitarist

il microfono
microphone

il batterista
drummer

il concerto rock | rock concert

gli strumenti • instruments

il riproduttore
acustico
pickup

il manico
neck

il basso
bass guitar

la tastiera
keyboard

il ponte
bridge

il tasto
fret

la meccanica
tuning peg

la corda
string

il tamburo
drum

la chitarra elettrica
electric guitar

la batteria
drum kit

gli stili musicali • musical styles

il jazz
jazz

il blues
blues

il punk
punk

la musica folk
folk music

il pop
pop

la musica da ballo
dance

il rap
rap

l'heavy metal
heavy metal

la musica classica
classical music

---

vocabolario • vocabulary

la canzone	**il testo**	**la melodia**	**il ritmo**	**il reggae**	**il country**	**il proiettore**
song	lyrics	melody	beat	reggae	country	spotlight

---

il giro turistico • sightseeing

il turista
tourist

il luogo d'interesse turistico | tourist attraction

l'itinerario
itinerary

scoperto
open-top

il pullman turistico | tour bus

la guida
turistica
tour guide

la statuina
statuette

la visita guidata
guided tour

i ricordi
souvenirs

vocabolario • vocabulary

aperto open	**la guida** guidebook	**le indicazioni** directions	**a sinistra** left	**Dov'è…?** Where is…?
chiuso closed	**la pellicola** film	**la videocamera** camcorder	**a destra** right	**Mi sono perso.** I'm lost.
la tariffa d'ingresso entrance fee	**le batterie** batteries	**la macchina fotografica** camera	**dritto** straight on	**Mi può dire come si arriva a…?** Can you tell me the way to…?

i luoghi d'interesse • attractions

il quadro
painting

l'oggetto
exhibit

la galleria d'arte
art gallery

il monumento
monument

l'esposizione
exhibition

il museo
museum

la rovina
famosa
famous ruin

l'edificio storico
historic building

il casinò
casino

i giardini
gardens

il parco nazionale
national park

l'informazione • information

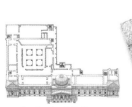

la pianta del piano
floor plan

la mappa
map

gli orari
times

l'orario
timetable

**l'ufficio informazioni
turistiche**
tourist information

le attività all'aria aperta • outdoor activities

il sentiero
footpath

la meridiana
sundial

il caffè
café

il parco | park

il prato
grass

la panchina
bench

il giardino
all'italiana
formal gardens

le montagne russe
roller coaster

il luna park
fairground

il parco a tema
theme park

lo zoosafari
safari park

lo zoo
zoo

le attività • activities

il ciclismo
cycling

il footing
jogging

lo skateboard
skateboarding

il pattinaggio
rollerblading

il sentiero per cavalli
bridle path

la cesta
hamper

l'ornitologia
bird-watching

l'equitazione
horse riding

l'escursionismo
hiking

il picnic
picnic

il parco giochi • playground

la fossa di sabbia
sandpit

la piscina gonfiabile
paddling pool

l'altalena
swing

il bilanciere | seesaw

lo scivolo
slide

la struttura per arrampicarsi
climbing frame

la spiaggia • beach

l'albergo hotel	**l'ombrellone** beach umbrella	**la cabina** beach hut	**la sabbia** sand	**l'onda** wave	**il mare** sea

la borsa
da spiaggia
beach bag

il bikini
bikini

prendere il sole | sunbathe (v)

la torre di sorveglianza
lifeguard tower

il bagnino
lifeguard

il paravento
windbreak

il lungomare
promenade

la sedia a sdraio
deck chair

gli occhiali da sole
sunglasses

il cappello da spiaggia
sunhat

la crema abbronzante
suntan lotion

la crema protettiva
sunblock

il pallone da spiaggia
beach ball

la ciambella
rubber ring

il costume da bagno
swimsuit

la paletta
spade

il secchiello
bucket

il castello di sabbia
sandcastle

la conchiglia
shell

l'asciugamano da spiaggia
beach towel

il campeggio • camping

i bagni
toilets

i rifiuti
waste disposal

le docce
shower block

la presa di corrente
electric hook-up

il telo protettivo
flysheet

il piolo
tent peg

la corda tirante
guy rope

la roulotte
caravan

il campeggio
campsite

vocabolario • vocabulary

campeggiare camp (v)	**il posteggio** pitch	**la tavola da picnic** picnic bench	**l'accendifuoco** charcoal
l'ufficio del direttore site manager's office	**piantare una tenda** pitch a tent (v)	**l'amaca** hammock	**l'accendifuoco** firelighter
le piazzole disponibili pitches available	**il palo** tent pole	**il camper** camper van	**accendere un fuoco** light a fire (v)
completo full	**il lettino da campeggio** camp bed	**il rimorchio** trailer	**il fuoco** campfire

la struttura
frame

il telo isolante
ground sheet

lo zaino
backpack

il thermos
vacuum flask

la borraccia
water bottle

la tenda
tent

il repellente
per insetti
insect repellent

la torcia
torch

la zanzariera
mosquito net

gli indumenti
termici
thermals

le scarpe da
escursionismo
walking boots

gli indumenti
impermeabili
waterproofs

il sacco a pelo
sleeping bag

il materassino
sleeping mat

fornelletto da campeggio
camping stove

la griglia per barbecue
barbecue

il materassino ad aria | air mattress

gli intrattenimenti in casa • home entertainment

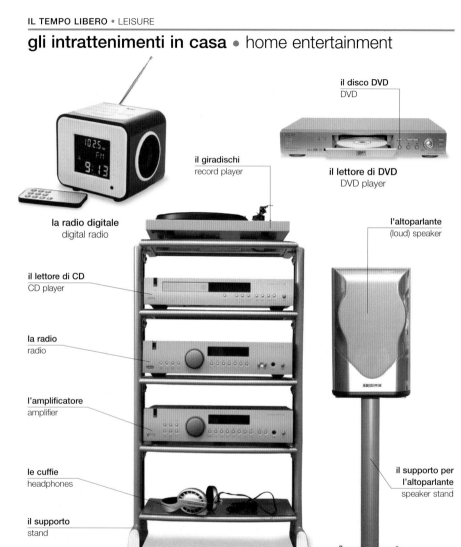

il disco DVD
DVD

il giradischi
record player

il lettore di DVD
DVD player

la radio digitale
digital radio

l'altoparlante
(loud) speaker

il lettore di CD
CD player

la radio
radio

l'amplificatore
amplifier

le cuffie
headphones

il supporto
stand

il supporto per
l'altoparlante
speaker stand

l'impianto stereo
hi-fi system

il decoder
digital box

lo schermo
screen

l'oculare
eyecup

la videocamera
camcorder

l'antenna parabolica
satellite dish

il televisore a schermo piatto
flatscreen TV

la console
console

l'avanzamento veloce
fast forward

la pausa
pause

la registrazione
record

il volume
volume

il comando
controller

il riavvolgimento
rewind

il play
play

lo stop
stop

il telecomando
remote control

il videogioco | video game

vocabolario • vocabulary

il compact disc compact disc	**il lungometraggio** feature film	**lo streaming** streaming	**digitale** digital	**stereo** stereo
l'audiocassetta cassette tape	**la pubblicità** advertisement	**la televisione via cavo** cable television	**guardare la televisione** watch television (v)	**sintonizzare la radio** tune the radio (v)
il mangianastri cassette player	**il canale a pagamento** pay per view channel	**il programma** programme	**accendere la televisione** turn the television on (v)	**spegnere la televisione** turn the television off (v)
alta definizione (HD) high-definition	**Wifi** Wi-Fi	**cambiare canale** change channel (v)		

la fotografia • photography

il pulsante di scatto
shutter release

il regolatore di esposizione
aperture dial

l'obiettivo
lens

il filtro
filter

il copriobiettivo
lens cap

la macchina fotografica SLR | SLR camera

il flash
flash gun

l'esposimetro
lightmeter

lo zoom
zoom lens

il treppiede
tripod

i tipi di macchina fotografica • types of camera

**la macchina
fotografica Polaroid**
Polaroid camera

il flash
flash

**la macchina
fotografica digitale**
digital camera

**il telefono con
macchina fotografica**
cameraphone

**la macchina fotografica
usa e getta**
disposable camera

fotografare • photograph (v)

il rullino
film spool

la pellicola
film

mettere a fuoco
focus (v)

sviluppare
develop (v)

il negativo
negative

orizzontale
landscape

verticale
portrait

la fotografia | photograph

l'album fotografico
photo album

la cornice
photo frame

i difetti • problems

sottoesposto
underexposed

sovraesposto
overexposed

sfocato
out of focus

l'occhio rosso
red eye

vocabolario • vocabulary

il mirino viewfinder	**opaco** matte
la custodia camera case	**lucido** gloss
l'esposizione exposure	**l'ingrandimento** enlargement
la camera oscura darkroom	**la fotografia (sviluppata)** print

Vorrei far sviluppare questo rullino.
I'd like this film processed.

i giochi • games

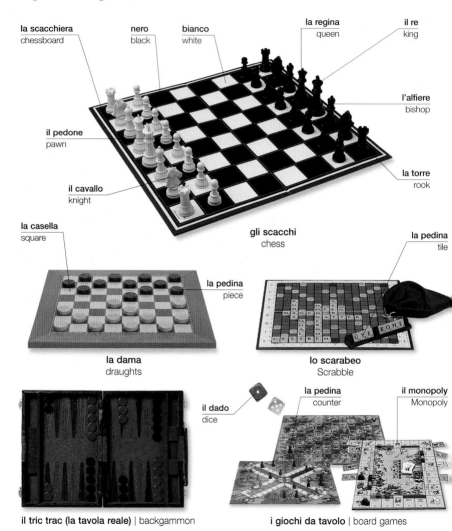

la scacchiera
chessboard

nero
black

bianco
white

la regina
queen

il re
king

l'alfiere
bishop

il pedone
pawn

la torre
rook

il cavallo
knight

la casella
square

gli scacchi
chess

la pedina
tile

la pedina
piece

la dama
draughts

lo scarabeo
Scrabble

il dado
dice

la pedina
counter

il monopoly
Monopoly

il tric trac (la tavola reale) | backgammon

i giochi da tavolo | board games

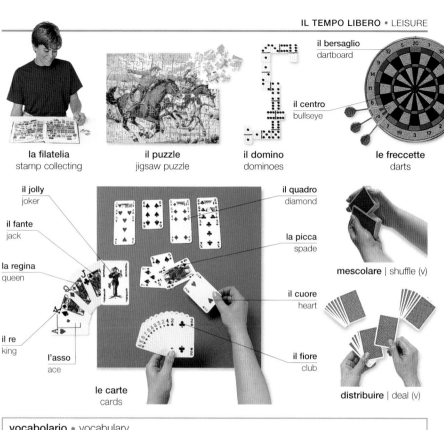

la filatelia
stamp collecting

il puzzle
jigsaw puzzle

il bersaglio
dartboard

il centro
bullseye

il domino
dominoes

le freccette
darts

il jolly
joker

il fante
jack

la regina
queen

il re
king

l'asso
ace

il quadro
diamond

la picca
spade

il cuore
heart

il fiore
club

le carte
cards

mescolare | shuffle (v)

distribuire | deal (v)

vocabolario • vocabulary

la mossa move	**vincere** win (v)	**il perdente** loser	**il punto** point	**il bridge** bridge	**A chi tocca?** Whose turn is it?
giocare play (v)	**il vincitore** winner	**il gioco** game	**il punteggio** score	**il colore** suit	**Tocca a te.** It's your move.
il giocatore player	**perdere** lose (v)	**la scommessa** bet	**il poker** poker	**il mazzo di carte** pack of cards	**Tira i dadi.** Roll the dice.

arte e artigianato 1 • arts and crafts 1

l'artista
artist

il quadro
painting

il cavalletto
easel

la tela
canvas

il pennello
brush

la tavolozza
palette

la pittura | painting

la vernice • paints

i colori ad olio
oil paints

gli acquarelli
watercolour paint

i pastelli
pastels

i colori acrilici
acrylic paint

la tempera
poster paint

i colori • colours

rosso
red

blu
blue

giallo
yellow

verde
green

arancione
orange

viola
purple

bianco
white

nero
black

grigio
grey

rosa
pink

marrone
brown

indaco
indigo

altri lavori artigianali • other crafts

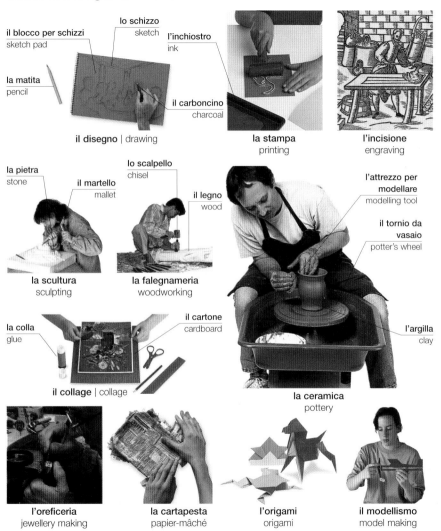

il blocco per schizzi
sketch pad

lo schizzo
sketch

l'inchiostro
ink

la matita
pencil

il carboncino
charcoal

il disegno | drawing

la stampa
printing

l'incisione
engraving

la pietra
stone

lo scalpello
chisel

il martello
mallet

il legno
wood

l'attrezzo per
modellare
modelling tool

il tornio da
vasaio
potter's wheel

la scultura
sculpting

la falegnameria
woodworking

la colla
glue

il cartone
cardboard

l'argilla
clay

il collage | collage

la ceramica
pottery

l'oreficeria
jewellery making

la cartapesta
papier-mâché

l'origami
origami

il modellismo
model making

arte e artigianato 2 • arts and crafts 2

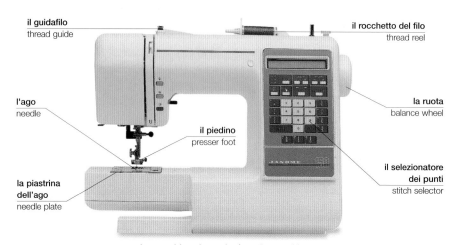

il guidafilo
thread guide

il rocchetto del filo
thread reel

l'ago
needle

la ruota
balance wheel

il piedino
presser foot

il selezionatore
dei punti
stitch selector

la piastrina
dell'ago
needle plate

la macchina da cucire | sewing machine

le forbici
scissors

il modello
pattern

il puntaspilli
pincushion

il metro
tape measure

la stoffa
material

la cesta del cucito | sewing basket

lo spillo
pin

il filo
thread

l'occhiello
eye

la bobina
bobbin

il gancio
hook

il ditale
thimble

il gesso
tailor's chalk

il manichino
tailor's dummy

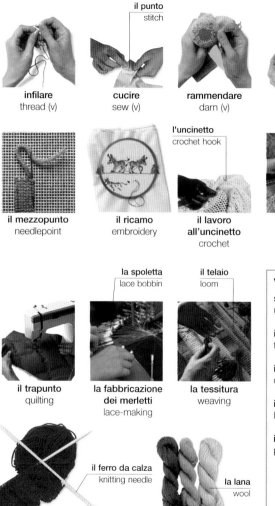

il punto
stitch

infilare
thread (v)

cucire
sew (v)

rammendare
darn (v)

imbastire
tack (v)

tagliare
cut (v)

il mezzopunto
needlepoint

l'uncinetto
crochet hook

il ricamo
embroidery

il lavoro all'uncinetto
crochet

il macramè
macramé

il patchwork
patchwork

la spoletta
lace bobbin

il telaio
loom

il trapunto
quilting

la fabbricazione dei merletti
lace-making

la tessitura
weaving

il ferro da calza
knitting needle

la lana
wool

il lavoro a maglia | knitting

la matassa | skein

vocabolario • vocabulary	
scucire unpick (v)	**il nailon** nylon
il tessuto fabric	**la seta** silk
il cotone cotton	**lo stilista** designer
il lino linen	**la moda** fashion
il poliestere polyester	**la chiusura lampo** zip

l'ambiente
environment

lo spazio • space

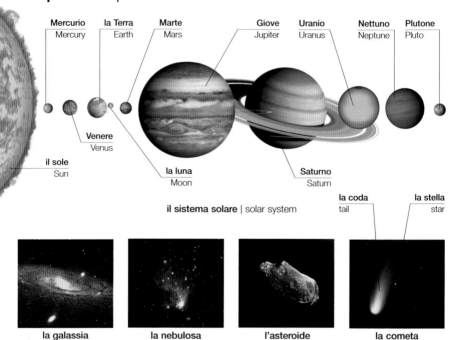

Mercurio
Mercury

la Terra
Earth

Marte
Mars

Giove
Jupiter

Uranio
Uranus

Nettuno
Neptune

Plutone
Pluto

Venere
Venus

il sole
Sun

la luna
Moon

Saturno
Saturn

il sistema solare | solar system

la coda
tail

la stella
star

la galassia
galaxy

la nebulosa
nebula

l'asteroide
asteroid

la cometa
comet

vocabolario • vocabulary

l'universo universe	**il buco nero** black hole	**la luna piena** full moon
l'orbita orbit	**il pianeta** planet	**la luna nuova** new moon
la gravità gravity	**la meteora** meteor	**la mezzaluna** crescent moon

l'eclisse | eclipse

l'esplorazione dello spazio
• space exploration

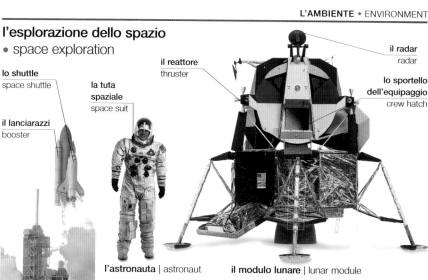

il radar
radar

il reattore
thruster

lo sportello dell'equipaggio
crew hatch

lo shuttle
space shuttle

la tuta spaziale
space suit

il lanciarazzi
booster

l'astronauta | astronaut

il modulo lunare | lunar module

la rampa di lancio
launch pad

il lancio
launch

il satellite
satellite

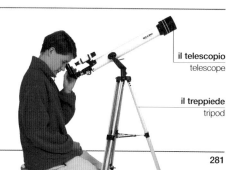

la stazione spaziale
space station

l'astronomia • astronomy

la costellazione
constellation

il binocolo
binoculars

il telescopio
telescope

il treppiede
tripod

la Terra • Earth

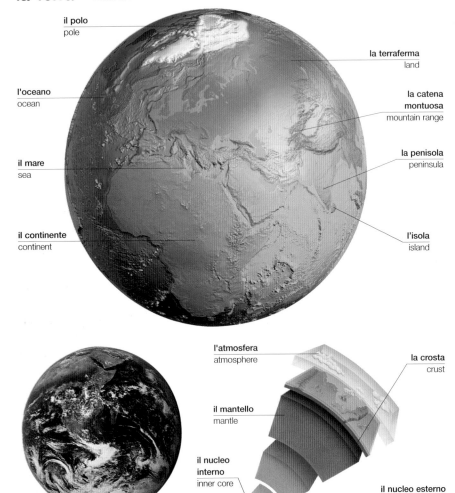

il polo
pole

la terraferma
land

l'oceano
ocean

la catena
montuosa
mountain range

il mare
sea

la penisola
peninsula

il continente
continent

l'isola
island

l'atmosfera
atmosphere

la crosta
crust

il mantello
mantle

il nucleo
interno
inner core

il nucleo esterno
outer core

il pianeta | planet

lo spaccato
section

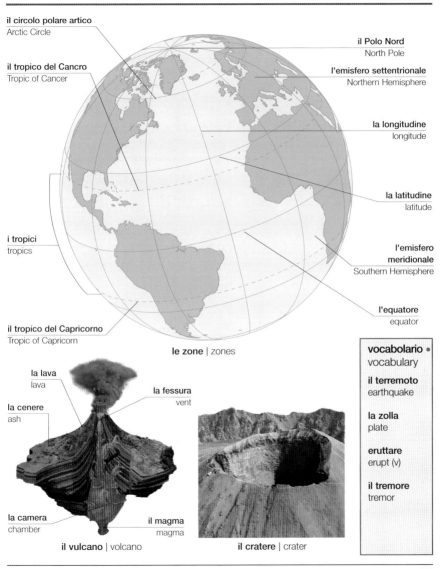

il circolo polare artico
Arctic Circle

il tropico del Cancro
Tropic of Cancer

i tropici
tropics

il tropico del Capricorno
Tropic of Capricorn

il Polo Nord
North Pole

l'emisfero settentrionale
Northern Hemisphere

la longitudine
longitude

la latitudine
latitude

l'emisfero
meridionale
Southern Hemisphere

l'equatore
equator

le zone | zones

la lava
lava

la cenere
ash

la fessura
vent

la camera
chamber

il magma
magma

il vulcano | volcano

il cratere | crater

vocabolario •
vocabulary

il terremoto
earthquake

la zolla
plate

eruttare
erupt (v)

il tremore
tremor

il paesaggio • landscape

la montagna
mountain

la pendice
slope

la riva
bank

il fiume
river

le rapide
rapids

le rocce
rocks

il ghiacciaio
glacier

la valle | valley

la collina
hill

l'altipiano
plateau

la gola
gorge

la caverna
cave

la pianura | plain

il deserto | desert

la foresta | forest

il bosco | wood

la foresta pluviale
rainforest

la palude
swamp

il pascolo
meadow

la prateria
grassland

la cascata
waterfall

il torrente
stream

il lago
lake

il geyser
geyser

la costa
coast

la scogliera
cliff

la barriera corallina
coral reef

l'estuario
estuary

il tempo • weather

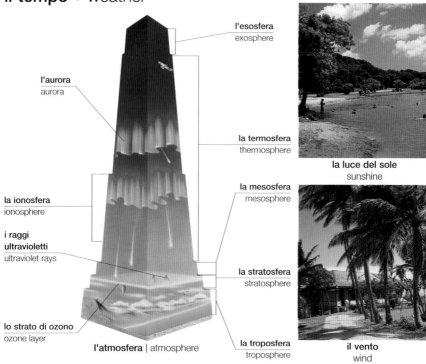

l'esosfera
exosphere

l'aurora
aurora

la termosfera
thermosphere

la mesosfera
mesosphere

la ionosfera
ionosphere

i raggi
ultravioletti
ultraviolet rays

la stratosfera
stratosphere

lo strato di ozono
ozone layer

l'atmosfera | atmosphere

la troposfera
troposphere

la luce del sole
sunshine

il vento
wind

---

vocabolario • vocabulary

il nevischio sleet	**il rovescio** shower	**caldo** hot	**secco** dry	**ventoso** windy	**Ho caldo/freddo.** I'm hot/cold.
la grandine hail	**soleggiato** sunny	**freddo** cold	**piovoso** wet	**la bufera** gale	**Sta piovendo.** It's raining.
il tuono thunder	**nuvoloso** cloudy	**tiepido** warm	**umido** humid	**la temperatura** temperature	**Fa… gradi.** It's… degrees.

il fulmine
lightning

la nuvola
cloud

la pioggia
rain

la tempesta
storm

la foschia
mist

la nebbia
fog

l'arcobaleno
rainbow

il ghiacciolo
icicle

la neve
snow

il gelo
frost

il ghiaccio
ice

la gelata
freeze

l'uragano
hurricane

il tornado
tornado

il monsone
monsoon

l'inondazione
flood

le rocce • rocks

igneo • igneous

il granito
granite

l'ossidiana
obsidian

il basalto
basalt

la pomice
pumice

sedimentario • sedimentary

l'arenaria
sandstone

il calcare
limestone

il gesso
chalk

la selce
flint

il conglomerato
conglomerate

il carbone
coal

metamorfico • metamorphic

l'ardesia
slate

lo scisto
schist

lo gneiss
gneiss

il marmo
marble

le gemme • gems

il rubino
ruby

l'ametista
amethyst

il giaietto
jet

l'opale
opal

la lunaria
moonstone

il granato
garnet

il diamante
diamond

il topazio
topaz

l'acquamarina
aquamarine

la giada
jade

lo smeraldo
emerald

lo zaffiro
sapphire

la tormalina
tourmaline

i minerali • minerals

il quarzo
quartz

la mica
mica

lo zolfo
sulphur

l'ematite
hematite

la calcite
calcite

la malachite
malachite

il turchese
turquoise

l'onice
onyx

l'agata
agate

la grafite
graphite

i metalli • metals

l'oro
gold

l'argento
silver

il platino
platinum

il nichel
nickel

il ferro
iron

il rame
copper

lo stagno
tin

l'alluminio
aluminium

il mercurio
mercury

lo zinco
zinc

gli animali 1 • animals 1
i mammiferi • mammals

i baffi
whiskers

la coda
tail

il coniglio
rabbit

il criceto
hamster

il topo
mouse

il ratto
rat

il riccio
hedgehog

lo scoiattolo
squirrel

il pipistrello
bat

il procione
raccoon

la volpe
fox

il lupo
wolf

il cucciolo
puppy

il gattino
kitten

il cucciolo
pup

il cane
dog

il gatto
cat

la lontra
otter

la foca
seal

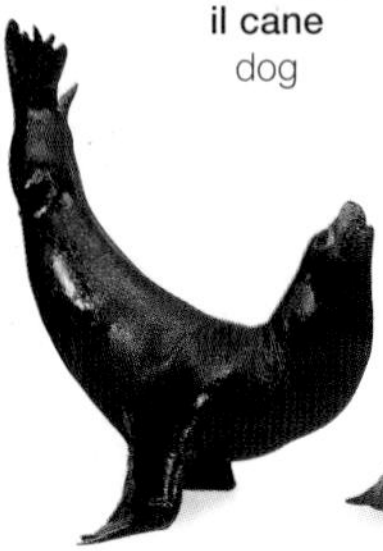

la pinna
flipper

lo sfiatatoio
blowhole

il leone marino
sea lion

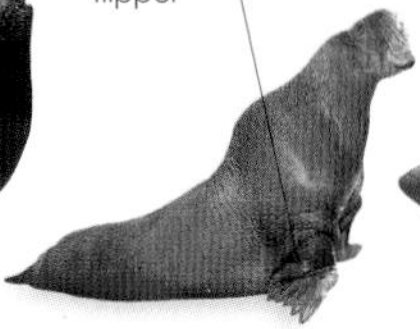

il tricheco
walrus

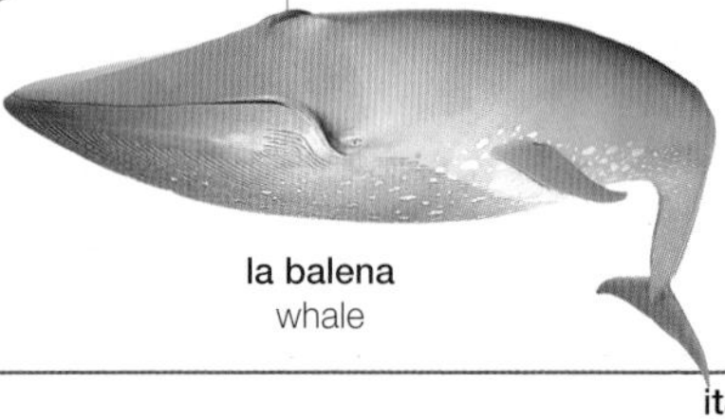

la balena
whale

il delfino
dolphin

le corna
antler

la criniera
mane

la gobba
hump

il cervo
deer

la zebra
zebra

lo zoccolo
hoof

la giraffa
giraffe

il cammello
camel

la proboscide
trunk

la zanna
tusk

il corno
horn

l'ippopotamo
hippopotamus

l'elefante
elephant

il rinoceronte
rhinoceros

la tigre
tiger

la criniera
mane

il leone
lion

la scimmia
monkey

il gorilla
gorilla

il koala
koala

il marsupio
pouch

il panda
panda

l'artiglio
claw

il canguro
kangaroo

l'orso
bear

l'orso polare
polar bear

italiano • english

gli animali 2 • animals 2
gli uccelli • birds

la coda
tail

il canarino	il passero	il colibrì	la rondine	la cornacchia
canary	sparrow	hummingbird	swallow	crow

il piccione	il picchio	il falco	il gufo	il gabbiano
pigeon	woodpecker	falcon	owl	gull

l'aquila
eagle

il pellicano	il fenicottero	la cicogna
pelican	flamingo	stork

la gru	il pinguino	lo struzzo
crane	penguin	ostrich

i rettili • reptiles

l'oca | goose

il cigno
swan

le scaglie
scales

l'alligatore
alligator

il pavone
peacock

il fagiano
pheasant

la lucertola
lizard

l'iguana
iguana

il guscio
shell

la testuggine
turtle

la tartaruga
tortoise

il tacchino
turkey

il serpente
snake

il becco
bill

la piuma
feather

l'ala
wing

il cacatua
cockatoo

l'artiglio
claw

il muso
snout

il pappagallo
parrot

il coccodrillo
crocodile

gli animali 3 • animals 3
gli anfibi • amphibians

la rana frog	**il rospo** toad	**il girino** tadpole	**la salamandra** salamander

i pesci • fish

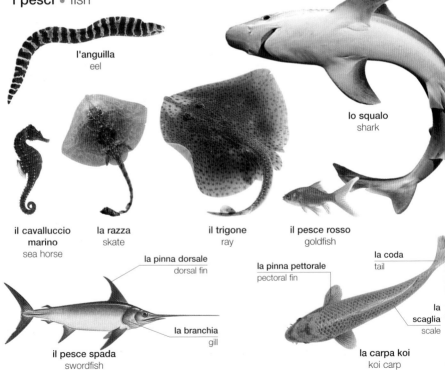

l'anguilla
eel

lo squalo
shark

il cavalluccio marino
sea horse

la razza
skate

il trigone
ray

il pesce rosso
goldfish

la pinna dorsale
dorsal fin

la pinna pettorale
pectoral fin

la coda
tail

la branchia
gill

la scaglia
scale

il pesce spada
swordfish

la carpa koi
koi carp

gli invertebrati • invertebrates

la formica
ant

la termite
termite

l'ape
bee

la vespa
wasp

lo scarafaggio
beetle

la blatta
cockroach

la falena
moth

la farfalla
butterfly

l'antenna
antenna

il bozzolo
cocoon

il bruco
caterpillar

il grillo
cricket

la cavalletta
grasshopper

la mantide religiosa
praying mantis

il pungiglione
sting

lo scorpione
scorpion

il millepiedi
centipede

la libellula
dragonfly

la mosca
fly

la zanzara
mosquito

la coccinella
ladybird

il ragno
spider

la lumaca
slug

la chiocciola
snail

il verme
worm

la stella di mare
starfish

la cozza
mussel

il granchio
crab

l'aragosta
lobster

la piovra
octopus

il calamaro
squid

la medusa
jellyfish

le piante • plants

l'albero • tree

il ramo
branch

la foglia
leaf

il ramoscello
twig

la corteccia
bark

la radice
root

il tronco
trunk

la quercia
oak

il salice
willow

il pioppo
poplar

l'eucalipto
eucalyptus

il larice
larch

il faggio
beech

la betulla
birch

il pino
pine

il cedro
cedar

l'acero
maple

l'olmo
elm

il tiglio
lime

l'agrifoglio
holly

la bacca
berry

la palma
palm

la pianta da fiori • flowering plant

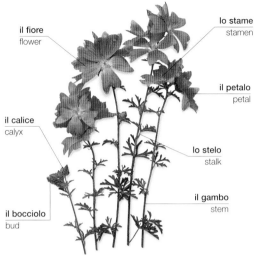

il fiore
flower

lo stame
stamen

il petalo
petal

il calice
calyx

lo stelo
stalk

il gambo
stem

il bocciolo
bud

il ranuncolo
buttercup

la magheritina
daisy

il cardo
thistle

il dente di leone
dandelion

l'erica
heather

il papavero
poppy

la digitale
foxglove

il caprifoglio
honeysuckle

il girasole
sunflower

il trifoglio
clover

i giacinti di bosco
bluebells

la primula
primrose

i lupini
lupins

l'ortica
nettle

la città • town

la strada
street

il ciglio
kerb

l'angolo della strada
street corner

il negozio
shop

il crocevia
intersection

il senso
unico
one-way
system

il
marciapiede
pavement

il complesso
di uffici
office block

il
caseggiato
apartment
block

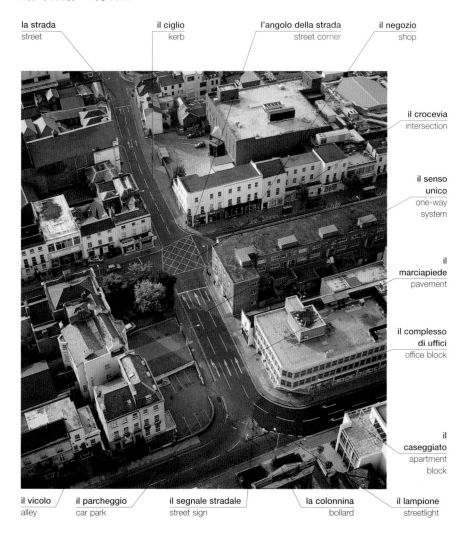

il vicolo
alley

il parcheggio
car park

il segnale stradale
street sign

la colonnina
bollard

il lampione
streetlight

gli edifici • buildings

il municipio
town hall

la biblioteca
library

il cinema
cinema

il teatro
theatre

l'università
university

il grattacielo
skyscraper

la scuola
school

le zone • areas

la zona industriale
industrial estate

la città
city

la periferia
suburb

il villaggio
village

---

vocabolario • vocabulary

la zona pedonale pedestrian zone	**la via laterale** side street	**il tombino** manhole	**la cunetta** gutter	**la chiesa** church
il viale avenue	**la piazza** square	**la fermata dell'autobus** bus stop	**la fabbrica** factory	**il canale di scolo** drain

---

l'architettura • architecture

edifici e strutture • buildings and structures

il
pinnacolo
finial

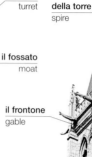

il grattacielo
skyscraper

la **torre**
turret

il castello
castle

il **fossato**
moat

la **cima
della torre**
spire

il **frontone**
gable

la chiesa
church

la **cupola**
dome

la moschea
mosque

la **torretta**
tower

il tempio
temple

la **volta**
vault

la sinagoga
synagogue

il **cornicione**
cornice

la diga
dam

il ponte
bridge

la **colonna**
pillar

la cattedrale | cathedral

gli stili • styles

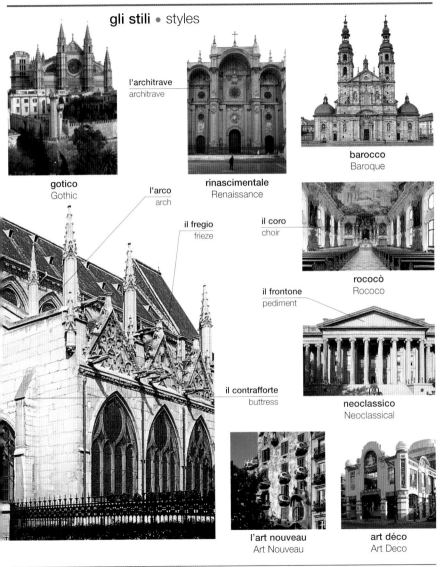

l'architrave
architrave

gotico
Gothic

l'arco
arch

il fregio
frieze

rinascimentale
Renaissance

barocco
Baroque

il coro
choir

rococò
Rococo

il frontone
pediment

il contrafforte
buttress

neoclassico
Neoclassical

l'art nouveau
Art Nouveau

art déco
Art Deco

i dati
reference

l'ora • time

la lancetta dei minuti
minute hand

la lancetta delle ore
hour hand

l'orologio
clock

vocabolario • vocabulary

il secondo	**adesso**	**un quarto d'ora**
second	now	a quarter of an hour
il minuto	**più tardi**	**venti minuti**
minute	later	twenty minutes
l'ora	**una**	**quaranta minuti**
hour	**mezzora**	forty minutes
	half an hour	

Che ore sono?
What time is it?

Sono le tre.
It's three o'clock.

l'una e cinque
five past one

l'una e dieci
ten past one

l'una e un quarto
quarter past one

l'una e venti
twenty past one

la lancetta
dei secondi
second hand

l'una e venticinque
twenty five past one

l'una e trenta
one thirty

le due meno
venticinque
twenty five to two

le due meno venti
twenty to two

le due meno un quarto
quarter to two

le due meno dieci
ten to two

le due meno cinque
five to two

le due
two o'clock

la notte e il giorno • night and day

la mezzanotte
midnight

il sorgere del sole
sunrise

l'alba
dawn

il mattino
morning

il tramonto
sunset

il mezzogiorno
midday

l'imbrunire
dusk

la sera
evening

il pomeriggio
afternoon

vocabolario • vocabulary

presto
early

Sei in anticipo.
You're early.

Per favore, vieni in orario.
Please be on time.

A che ora finisce?
What time does it finish?

in orario
on time

Sei in ritardo.
You're late.

A più tardi.
I'll see you later.

Quanto durerà?
How long will it last?

tardi
late

Arrivo subito.
I'll be there soon.

A che ora inizia?
What time does it start?

Si sta facendo tardi.
It's getting late.

il calendario • calendar

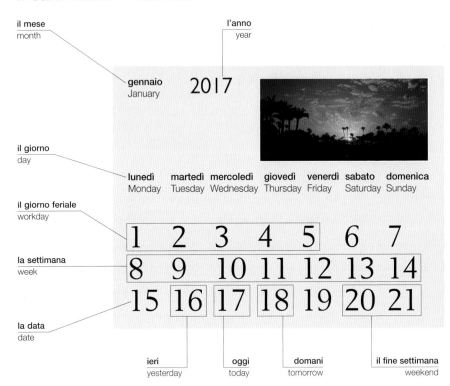

il mese
month

l'anno
year

gennaio
January

2017

il giorno
day

lunedì **martedì** **mercoledì** **giovedì** **venerdì** **sabato** **domenica**
Monday   Tuesday   Wednesday   Thursday   Friday   Saturday   Sunday

il giorno feriale
workday

1 2 3 4 5 6 7

la settimana
week

8 9 10 11 12 13 14

15 16 17 18 19 20 21

la data
date

ieri
yesterday

oggi
today

domani
tomorrow

il fine settimana
weekend

---

vocabolario • vocabulary

gennaio January	**marzo** March	**maggio** May	**luglio** July	**settembre** September	**novembre** November
febbraio February	**aprile** April	**giugno** June	**agosto** August	**ottobre** October	**dicembre** December

gli anni • years

1900 **millenovecento** • nineteen hundred

1901 **millenovecentouno** • nineteen hundred and one

1910 **millenovecentodieci** • nineteen ten

2000 **duemila** • two thousand

2001 **duemilauno** • two thousand and one

le stagioni • seasons

la primavera
spring

l'estate
summer

l'autunno
autumn

l'inverno
winter

---

vocabolario • vocabulary

il secolo
century

la decade
decade

il millennio
millennium

quindici giorni
fortnight

questa settimana
this week

la settimana scorsa
last week

la settimana prossima
next week

l'altroieri
the day before yesterday

il dopodomani
the day after tomorrow

settimanale
weekly

mensile
monthly

annuo
annual

Oggi che giorno è?
What's the date today?

È il sette febbraio, duemiladiciassette.
It's February seventh, two thousand and seventeen.

---

i numeri • numbers

0	**zero** • zero	20	**venti** • twenty
1	**uno** • one	21	**ventuno** • twenty-one
2	**due** • two	22	**ventidue** • twenty-two
3	**tre** • three	30	**trenta** • thirty
4	**quattro** • four	40	**quaranta** • forty
5	**cinque** • five	50	**cinquanta** • fifty
6	**sei** • six	60	**sessanta** • sixty
7	**sette** • seven	70	**settanta** • seventy
8	**otto** • eight	80	**ottanta** • eighty
9	**nove** • nine	90	**novanta** • ninety
10	**dieci** • ten	100	**cento** • one hundred
11	**undici** • eleven	110	**centodieci** • one hundred and ten
12	**dodici** • twelve	200	**duecento** • two hundred
13	**tredici** • thirteen	300	**trecento** • three hundred
14	**quattordici** • fourteen	400	**quattrocento** • four hundred
15	**quindici** • fifteen	500	**cinquecento** • five hundred
16	**sedici** • sixteen	600	**seicento** • six hundred
17	**diciassette** • seventeen	700	**settecento** • seven hundred
18	**diciotto** • eighteen	800	**ottocento** • eight hundred
19	**diciannove** • nineteen	900	**novecento** • nine hundred

italiano • english

1,000   **mille** • one thousand

10,000   **diecimila** • ten thousand

20,000   **ventimila** • twenty thousand

50,000   **cinquantamila** • fifty thousand

55,500   **cinquantacinquemilacinquecento** • fifty-five thousand five hundred

100,000   **centomila** • one hundred thousand

1,000,000   **un milione** • one million

1,000,000,000   **un miliardo** • one billion

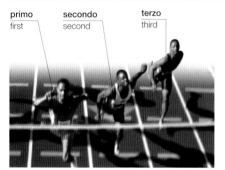

primo first

secondo second

terzo third

quarto • fourth

quinto • fifth

sesto • sixth

settimo • seventh

ottavo • eighth

nono • ninth

decimo • tenth

undicesimo • eleventh

dodicesimo • twelfth

tredicesimo • thirteenth

quattordicesimo • fourteenth

quindicesimo • fifteenth

sedicesimo
• sixteenth

diciassettesimo
• seventeenth

diciottesimo
• eighteenth

diciannovesimo
• nineteenth

ventesimo
• twentieth

ventunesimo
• twenty-first

ventiduesimo
• twenty-second

ventitreesimo
• twenty-third

trentesimo
• thirtieth

quarantesimo
• fortieth

cinquantesimo
• fiftieth

sessantesimo
• sixtieth

settantesimo
• seventieth

ottantesimo
• eightieth

novantesimo
• ninetieth

centesimo
• (one) hundredth

italiano • english

i pesi e le misure • weights and measures

la superficie • area

il piede quadro	il metro quadro
square foot	square metre

la distanza • distance

il chilometro	il miglio
kilometre	mile

il piatto
pan

il chilogrammo
kilogram

la libbra
pound

il grammo
gram

l'oncia
ounce

la bilancia | scales

vocabolario • vocabulary

la iarda yard	**la tonnellata** tonne	**misurare** measure (v)
il metro metre	**il milligrammo** milligram	**pesare** weigh (v)

la lunghezza • length

il piede
foot

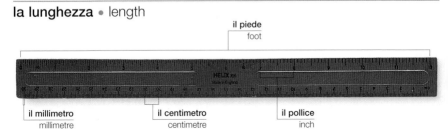

il millimetro	il centimetro	il pollice
millimetre	centimetre	inch

la capacità • capacity

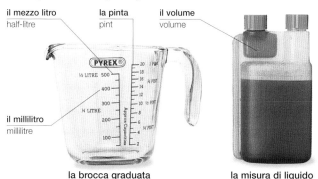

il mezzo litro
half-litre

la pinta
pint

il volume
volume

il millilitro
millilitre

la brocca graduata
measuring jug

la misura di liquido
liquid measure

il contenitore • container

il cartone
carton

il pacchetto
packet

la bottiglia
bottle

il sacchetto
bag

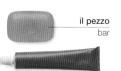

la vaschetta | tub

il pezzo
bar

il barattolo | jar

la lattina
can

la scatoletta | tin

il nebulizzatore
liquid dispenser

il tubetto
tube

il rotolo
roll

il pacchetto
pack

la bomboletta spray
spray can

il mappamondo • world map

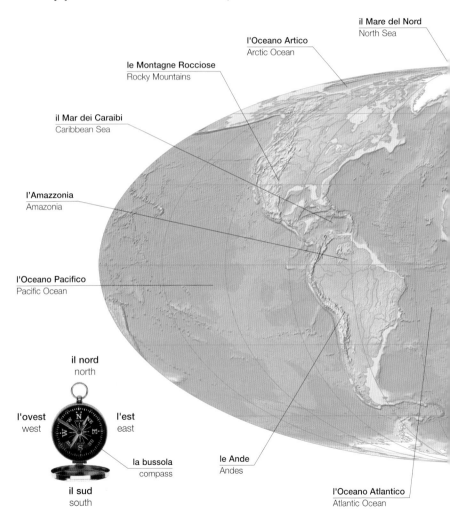

il Mare del Nord
North Sea

l'Oceano Artico
Arctic Ocean

le Montagne Rocciose
Rocky Mountains

il Mar dei Caraibi
Caribbean Sea

l'Amazzonia
Amazonia

l'Oceano Pacifico
Pacific Ocean

il nord
north

l'ovest
west

l'est
east

la bussola
compass

il sud
south

le Ande
Andes

l'Oceano Atlantico
Atlantic Ocean

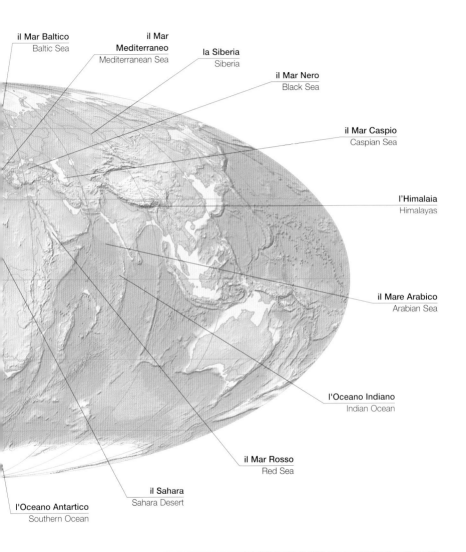

il Mar Baltico
Baltic Sea

il Mar
Mediterraneo
Mediterranean Sea

la Siberia
Siberia

il Mar Nero
Black Sea

il Mar Caspio
Caspian Sea

l'Himalaia
Himalayas

il Mare Arabico
Arabian Sea

l'Oceano Indiano
Indian Ocean

il Mar Rosso
Red Sea

il Sahara
Sahara Desert

l'Oceano Antartico
Southern Ocean

l'America del Nord e Centrale • North and Central America

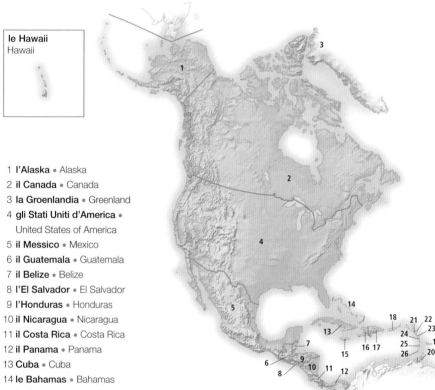

le Hawaii
Hawaii

1 **l'Alaska** • Alaska
2 **il Canada** • Canada
3 **la Groenlandia** • Greenland
4 **gli Stati Uniti d'America** •
   United States of America
5 **il Messico** • Mexico
6 **il Guatemala** • Guatemala
7 **il Belize** • Belize
8 **l'El Salvador** • El Salvador
9 **l'Honduras** • Honduras
10 **il Nicaragua** • Nicaragua
11 **il Costa Rica** • Costa Rica
12 **il Panama** • Panama
13 **Cuba** • Cuba
14 **le Bahamas** • Bahamas
15 **la Giamaica** • Jamaica
16 **Haiti** • Haiti
17 **la Repubblica Dominicana** •
   Dominican Republic
18 **Puerto Rico** • Puerto Rico
19 **Barbados** • Barbados
20 **Trinidad e Tobago** • Trinidad and Tobago
21 **Saint Kitts-Nevis** • St Kitts and Nevis

22 **Antigua e Barbuda** • Antigua and Barbuda
23 **Dominica** • Dominica
24 **Saint Lucia** • St Lucia
25 **Saint Vincent e Grenadine** •
   St Vincent and The Grenadines
26 **Grenada** • Grenada

l'America del Sud • South America

1 **il Venezuela** • Venezuela
2 **la Colombia** • Colombia
3 **l'Ecuador** • Ecuador
4 **il Perù** • Peru
5 **le Isole Galapagos** •
   Galápagos Islands
6 **la Guyana** • Guyana
7 **il Suriname** • Suriname
8 **la Guyana Francese** •
   French Guiana
9 **il Brasile** • Brazil
10 **la Bolivia** • Bolivia
11 **il Cile** • Chile
12 **l'Argentina** • Argentina
13 **il Paraguay** • Paraguay
14 **l'Uruguay** • Uruguay
15 **le Isole Falkland** • Falkland Islands

vocabolario • vocabulary

il paese country	**la provincia** province	**il distretto** district
la nazione nation	**il territorio** territory	**la zona** zone
lo stato state	**il principato** principality	**la regione** region
il continente continent	**la colonia** colony	**la capitale** capital

italiano • english

315

l'Europa • Europe

1 l'Irlanda • Ireland
2 il Regno Unito • United Kingdom
3 il Portogallo • Portugal
4 la Spagna • Spain
5 le Isole Baleari • Balearic Islands
6 Andorra • Andorra
7 la Francia • France
8 il Belgio • Belgium
9 i Paesi Bassi • Netherlands
10 il Lussemburgo • Luxembourg
11 la Germania • Germany
12 la Danimarca • Denmark
13 la Norvegia • Norway
14 la Svezia • Sweden
15 la Finlandia • Finland
16 l'Estonia • Estonia
17 la Lettonia • Latvia
18 la Lituania • Lithuania
19 Kaliningrad • Kaliningrad
20 la Polonia • Poland
21 la Repubblica Ceca • Czech Republic
22 l'Austria • Austria
23 il Liechtenstein • Liechtenstein
24 la Svizzera • Switzerland
25 l'Italia • Italy
26 Monaco • Monaco
27 la Corsica • Corsica
28 la Sardegna • Sardinia
29 San Marino • San Marino

30 la Città del Vaticano • Vatican City
31 la Sicilia • Sicily
32 Malta • Malta
33 la Slovenia • Slovenia
34 la Croazia • Croatia
35 l'Ungheria • Hungary
36 la Slovacchia • Slovakia
37 l'Ucraina • Ukraine
38 la Bielorussia • Belarus

39 la Moldavia • Moldova
40 la Romania • Romania
41 la Serbia • Serbia
42 la Bosnia ed Erzegovina • Bosnia and Herzegovina
43 l'Albania • Albania
44 la Macedonia • Macedonia
45 la Bulgaria • Bulgaria
46 la Grecia • Greece
47 il Kosovo • Kosovo
48 Montenegro • Montenegro
49 l'Islanda • Iceland

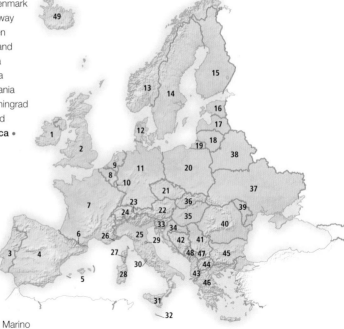

italiano • english

l'Africa • Africa

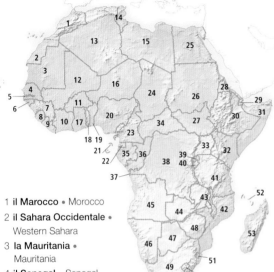

1 il **Marocco** • Morocco

2 il **Sahara Occidentale** •
Western Sahara

3 la **Mauritania** •
Mauritania

4 il **Senegal** • Senegal

5 il **Gambia** • Gambia

6 la **Guinea-Bissau** •
Guinea-Bissau

7 la **Guinea** • Guinea

8 **Sierra Leone** •
Sierra Leone

9 la **Liberia** • Liberia

10 la **Costa d'Avorio** •
Ivory Coast

11 il **Burkina Faso** •
Burkina Faso

12 il **Mali** • Mali

13 l'**Algeria** • Algeria

14 la **Tunisia** • Tunisia

15 la **Libia** • Libya

16 il **Niger** • Niger

17 il **Ghana** • Ghana

18 il **Togo** • Togo

19 il **Benin** • Benin

20 la **Nigeria** • Nigeria

21 **São Tomé e Príncipe** •
São Tomé and Principe

22 la **Guinea Equatoriale** •
Equatorial Guinea

23 il **Camerun** • Cameroon

24 il **Ciad** • Chad

25 l'**Egitto** • Egypt

26 il **Sudan** • Sudan

27 il **Sudan del Sud** •
South Sudan

28 l'**Eritrea** • Eritrea

29 **Gibuti** • Djibouti

30 l'**Etiopia** • Ethiopia

31 la **Somalia** • Somalia

32 il **Kenya** • Kenya

33 l'**Uganda** • Uganda

34 la **Repubblica Centrafricana** •
Central African Republic

35 il **Gabon** • Gabon

36 il **Congo** • Congo

37 **Cabinda** • Cabinda

38 la **Repubblica Democratica del Congo** • Democratic
Republic of the Congo

39 il **Ruanda** • Rwanda

40 il **Burundi** • Burundi

41 la **Tanzania** • Tanzania

42 il **Mozambico** • Mozambique

43 il **Malawi** • Malawi

44 lo **Zambia** • Zambia

45 l'**Angola** • Angola

46 la **Namibia** • Namibia

47 il **Botswana** • Botswana

48 lo **Zimbabwe** • Zimbabwe

49 il **Sud Africa** • South Africa

50 il **Lesotho** • Lesotho

51 lo **Swaziland** • Swaziland

52 le **Comore** • Comoros

53 il **Madagascar** • Madagascar

54 **Mauritius** • Mauritius

italiano • english

l'Asia • Asia

1 **la Turchia** • Turkey
2 **Cipro** • Cyprus
3 **la Federazione Russa** •
   Russian Federation
4 **la Georgia** • Georgia
5 **l'Armenia** • Armenia
6 **l'Azerbaigian** • Azerbaijan
7 **l'Iran** • Iran
8 **l'Iraq** • Iraq
9 **la Siria** • Syria
10 **il Libano** • Lebanon
11 **l'Israele** • Israel
12 **la Giordania** • Jordan
13 **l'Arabia Saudita** •
   Saudi Arabia
14 **il Kuwait** • Kuwait
15 **il Bahrain** • Bahrain
16 **il Qatar** • Qatar
17 **gli Emirati Arabi Uniti** •
   United Arab Emirates
18 **l'Oman** • Oman
19 **lo Yemen** • Yemen
20 **il Kazakistan** • Kazakhstan
21 **l'Uzbekistan** • Uzbekistan
22 **il Turkmenistan** • Turkmenistan
23 **l'Afghanistan** • Afghanistan
24 **il Tagikistan** • Tajikistan
25 **il Kirghizistan** • Kyrgyzstan
26 **il Pakistan** • Pakistan
27 **l'India** • India
28 **le Maldive** • Maldives
29 **lo Sri Lanka** • Sri Lanka
30 **la Cina** • China
31 **la Mongolia** • Mongolia
32 **la Corea del Nord** • North Korea
33 **la Corea del Sud** • South Korea
34 **il Giappone** • Japan

35 **il Nepal** • Nepal
36 **il Bhutan** • Bhutan
37 **il Bangladesh** • Bangladesh
38 **il Myanmar (la Birmania)** •
   Myanmar (Burma)
39 **la Tailandia** • Thailand
40 **il Laos** • Laos
41 **il Vietnam** • Vietnam

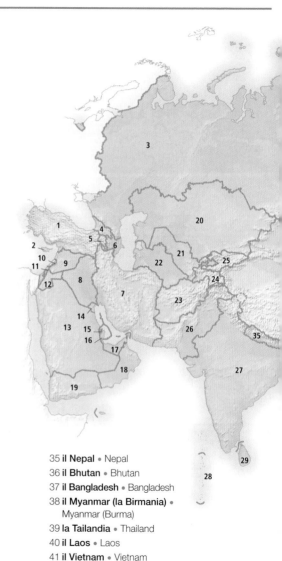

l'Oceania • Australasia

1 l'**Australia** • Australia
2 la **Tasmania** • Tasmania
3 la **Nuova Zelanda** • New Zealand

42 la **Cambogia** • Cambodia
43 la **Malaysia** • Malaysia
44 **Singapore** • Singapore
45 l'**Indonesia** • Indonesia
46 **Brunei** • Brunei
47 le **Filippine** • Philippines
48 **Timor Est** • East Timor
49 la **Papua Nuova Guinea** •
    Papua New Guinea
50 le **Isole Salomone** • Solomon Islands
51 **Vanuatu** • Vanuatu
52 **Figi** • Fiji

particelle e antonimi • particles and antonyms

a to	**da** from	**per** for	**verso** towards
sopra over	**sotto** under	**lungo** along	**attraverso** across
davanti in front of	**dietro** behind	**con** with	**senza** without
sopra onto	**dentro** into	**prima** before	**dopo** after
dentro in	**fuori** out	**entro** by	**fino** until
sopra above	**sotto** below	**di buon'ora** early	**in ritardo** late
all'interno inside	**all'esterno** outside	**adesso** now	**più tardi** later
su up	**giù** down	**sempre** always	**mai** never
a at	**oltre** beyond	**sovente** often	**raramente** rarely
attraverso through	**attorno** around	**ieri** yesterday	**domani** tomorrow
in cima on top of	**accanto** beside	**primo** first	**ultimo** last
tra between	**di fronte** opposite	**tutti** every	**alcuni** some
vicino near	**lontano** far	**circa** about	**esattamente** exactly
qui here	**là** there	**un poco** a little	**molto** a lot

grande
large

piccolo
small

largo
wide

stretto
narrow

alto
tall

basso
short

alto
high

basso
low

spesso
thick

sottile
thin

leggero
light

pesante
heavy

duro
hard

morbido
soft

bagnato
wet

asciutto
dry

buono
good

cattivo
bad

veloce
fast

lento
slow

giusto
correct

sbagliato
wrong

pulito
clean

sporco
dirty

bellissimo
beautiful

brutto
ugly

caro
expensive

a buon prezzo
cheap

silenzioso
quiet

rumoroso
noisy

caldo
hot

freddo
cold

aperto
open

chiuso
closed

pieno
full

vuoto
empty

nuovo
new

vecchio
old

chiaro
light

scuro
dark

facile
easy

difficile
difficult

libero
free

occupato
occupied

forte
strong

debole
weak

grasso
fat

magro
thin

giovane
young

vecchio
old

migliore
better

peggiore
worse

nero
black

bianco
white

interessante
interesting

noioso
boring

malato
sick

bene
well

l'inizio
beginning

la fine
end

frasi utili • useful phrases

frasi essenziali •
essential phrases

Sì
Yes

No
No

Forse
Maybe

Per favore
Please

Grazie
Thank you

Prego
You're welcome

Mi scusi
Excuse me

Mi dispiace
I'm sorry

No
Don't

D'accordo
OK

Vabbene
That's fine

È giusto
That's correct

È sbagliato
That's wrong

saluti •
greetings

Buongiorno
Hello

Arrivederci
Goodbye

Buongiorno
Good morning

Buon pomeriggio
Good afternoon

Buona sera
Good evening

Buona notte
Good night

Come sta?
How are you?

Mi chiamo…
My name is…

Come si chiama?
What is your name?

Come si chiama lui/lei?
What is his/her name?

Le presento…
May I introduce…

Questo è…
This is…

Piacere di conoscerla
Pleased to meet you

A più tardi
See you later

insegne • signs

Ufficio informazioni turistiche
Tourist information

Entrata
Entrance

Uscita
Exit

Uscita di emergenza
Emergency exit

Spingere
Push

Pericolo
Danger

Vietato fumare
No smoking

Guasto
Out of order

Orario di apertura
Opening times

Ingresso libero
Free admission

Ridotto
Reduced

Saldi
Sale

Bussare prima di entrare
Knock before entering

Non calpestare l'erba
Keep off the grass

aiuto •
help

Mi può aiutare?
Can you help me?

Non capisco
I don't understand

Non lo so
I don't know

Parla inglese?
Do you speak English?

Parlo inglese…
I speak English…

Parli più lentamente
Please speak more slowly

Me lo scriva, per favore
Please write it down for me

Ho perso…
I have lost…

indicazioni •
directions

Mi sono perso/a
I am lost

Dov'è il/la...?
Where is the...?

Dov'è il/la... più vicino/a?
Where is the nearest...?

Dov'è il bagno?
Where are the toilets?

Come si arriva a...?
How do I get to...?

A destra
To the right

A sinistra
To the left

Sempre dritto
Straight ahead

Quant'è lontano...?
How far is...?

i cartelli stradali •
road signs

Attenzione
Caution

Ingresso vietato
No entry

Rallentare
Slow down

Deviazione
Diversion

Autostrada
Motorway

Sosta vietata
No parking

Divieto di transito
No through road

Senso unico
One-way street

Dare la precedenza
Give way

Escluso residenti
Residents only

Lavori in corso
Roadworks

curva pericolosa
Dangerous bend

alloggio •
accommodation

Ho una prenotazione
I have a reservation

A che ora è la colazione?
What time is breakfast?

Dov'è la sala da pranzo?
Where is the dining room?

Tornerò alle...
I'll be back at... o'clock

Parto domani
I'm leaving tomorrow

cibo e bevande •
eating and drinking

Salute!
Cheers!

È buonissimo/ disgustoso
It's delicious/awful

Non bevo/fumo
I don't drink/smoke

Non mangio la carne
I don't eat meat

Per me basta, grazie
No more for me, thank you

Posso prenderne ancora?
May I have some more?

Il conto, per favore.
May we have the bill?

Mi dà una ricevuta?
Can I have a receipt?

Area fumatori
Smoking area

la salute •
health

Non mi sento bene
I don't feel well

Ho la nausea
I feel sick

Mi fa male...
I have a pain in...

Starà bene?
Will he/she be all right?

Mi fa male qui
It hurts here

Ho la febbre
I have a temperature

Sono incinta di... mesi
I'm... months pregnant

Avrei bisogno di una ricetta per...
I need a prescription for...

Generalmente prendo...
I normally take...

Sono allergico a...
I'm allergic to...

indice italiano • Italian index

italiano

A

a 320
abat-jour m 70
abbaino m 58
abbigliamento m 205
abbigliamento da
    donna m 105, 34
abbigliamento da uomo m
    105, 32
abboccare 245
abbronzatura f 41
abiti per il bambino m 30
abito m 32
abito da sera m 34
abito da sposa m 35
aborto spontaneo m 52
acacia f 110
accademia di danza f
    169
accanto 320
accappatoio m 32, 73
acceleratore m 200,
    204
accendere la televisione
    269
accendere un fuoco 266
accendifuoco f 266
accendino m 112
accensione f 200
accesso per sedie a
    rotelle m 197
accessori m 36, 38
accessori per la pulizia m
    77
acchiappare 227, 229
acciaio inossidabile m 79
acconciatura corta f 39
acconciature f 39
accordo di affari m 175
account di posta
    elettronica m 177
accusa m 94
accusato m 180
acero m 296
aceto m 135, 142
aceto balsamico m 135
aceto di malto m 135
aceto di sidro m 135
aceto di vino m 135
acetone m 41
acetosa f 123
a chicco corto 130
a chicco lungo 130
acqua f 144, 23
acqua dal rubinetto f 14
acqua di colonia f 4
acqua in bottiglia f 144
acqua minerale f 144
acqua naturale f 144
acqua tonica f 144
acquaio m 61

acquamarina f 288
acquaragia f 83
acquarello m 274
acquascooter m 241
acquavite f 151
acquisti m 104
addebito diretto m 96
addetta alla ricezione f
    100, 190
addetto alle pulizie m
    188
addome m 12
addominali m 16
addormentarsi 71
adesso 304
adirato 25
adolescente m 23
a due porte 200
adulto m 23
aerare 91
aereo biposto m 211
aereo da caccia m 211
aereo da diporto m 211
aereo di linea m 210,
    212
aereo privato m 211
aeroplano m 210
aeroporto m 212
affamato 64
affari m 175
affettare 67
affettatrice f 139
affilacoltelli m 68, 118
affilatore m 81
affittare 58
affitto m 58
affogare 67
affogato 159
affrancatura f 98
affumicato 118, 121,
    143, 159
Afghanistan 318
a foglie caduche 86
Africa 317
agata f 289
agenda f 173, 175
agente di viaggio m 190
agente immobiliare f 189
agenzia di viaggi f 114
agenzia immobiliare
    f 115
aggressione f 94
aggrottare le ciglia 25
aglio m 125, 132
agnello m 118, 185
ago m 109, 276
agopressione f 55
agopuntura f 55
agosto 306
agricoltore m 182, 189
agrifoglio m 296

agro 127
agrumi m 126
aikido m 236
airbag m 201
aiuola f 85, 90
aiuto cuoco m 152
ala f 119, 210, 293
à la carte 152
alambicco m 166
Alaska 314
alba f 305
Albania 316
albergo m 100, 264
albero m 86, 240, 29
albero di transmissione
    m 202
albicocca f 126
album fotografico m
    271
alchechengi m 128
alesatore m 80
aletta f 210
alettone m 210
alfalfa m 184
alfiere m 272
Algeria 317
al ginocchio 34
aliante m 211, 248
aliscafo m 215
all'esterno 320
all'interno 320
allarme antifumo m 95
allarme antifurto m 58
allarme antincendio m
    95
allattamento m 53
allattamento al seno m
    53
allegato m 177
allenamento m 237
allenamento a circuito m
    251
allenarsi 251
allergia f 44
allevamento di maiali m
    183
allevamento di pecore m
    183
alligatore m 293
allo sciroppo 159
alloro m 133
alluce m 15
alluminio m 289
alpinismo in parete m
    248
al sugo 159
alta definizione (HD) 269
altalena f 263
alternatore m 203

altezza f 165
altipiano m 284
alto 98, 321
altoparlante m 176, 209,
    258, 268
altre imbarcazioni f 215
altri lavori artigianali m
    275
altri negozi m 114
altri sport m 248
altroieri m 307
alluna f 162
al vapore 159
alzarsi 71
alzate con il manubrio f
    251
alzatina paraspruzzi m 66
amaca f 266
amaro 124
Amazzonia f 312
ambiente m 280
ambulanza f 94
ambulatorio m 45, 168
America Centrale 314
America del Nord 314
America del Sud 315
ametista f 288
amico m 24
    di penna m 24
amministratore
    delegato m 175
ammorbidente m 76
ammortizzatore m 205
amniocentesi f 52
amo m 244
ampere m 60
amplificatore m 268
anacardi m 151
anacardio m 129
analisi f 49
analisi del sangue f 48
analogico 179
ananas m 128
anatra f 119, 185
anatroccolo m 185
anca f 12
ancora f 214, 240
andare a letto 71
andare in bici 207
andare in pensione 26
Ande f 312
Andorra 316
anelli m 89, 235
anello m 36, 226
anestetista m 48
aneto m 133
anfibi m 294
Angola 317
angolo m 164, 223
angolo della strada
    m 298

anguilla f 294
anguria f 127
anice stellato m 133
animali m 292, 294
animazione f 255
annaffiare 90
annaffiatoio m 89
annaffiatura f 89
annegare 239
annesso m 58
anniversario m 26
anno m 306
annoiato 25
annotazione f 256
annuale 86
    annunciatrice f 179,
    191
annuo 307
antenna f 295
antenna della radio f
    214
antenna parabolica f
    269
antiaderente 69
antidolorifici m 47
antidolorifico m 109
antigelo m 199
Antigua e Barbuda 314
antinfiammatorio m 109
antipasto m 153
antirughe 41
anulare m 15
ape f 295
aperitivo m 153
aperto 260, 321
apice m 164
apoplessia f 44
app m 99
apparecchiare 64
apparecchiature da
    ufficio f 172
apparecchio a raggi x m
    212
apparecchio correttore m
    50
appartamento m 59
appellativi m 23
appendice f 18
applaudire 255
applicazione f 176
applique f 62
approdare 217
appuntamento m 45,
    175
appunti m 191
apribottiglie m 68, 150
aprile 306
apriscatole m 68
a quattro porte 200
aquila f 292
Arabia Saudita 318

italiano

italiano

italiano

italiano

italiano

italiano

italiano

INDICE ITALIANO • ITALIAN INDEX

italiano

italiano • english

341

indice inglese • English index

english

english

english

english

english

english

english

english

english

english

english

english

english

english

english

ringraziamenti • acknowledgments

DORLING KINDERSLEY would like to thank Sanjay Chauhan, Jomin Johny, Christine Lacey, Mahua Mandal, Tracey Miles, and Sonakshi Singh for design assistance, Georgina Garner for editorial and administrative help, Polly Boyd, Sonia Gavira, Nandini Gupta, Tina Jindal, Nishtha Kapil, Smita Mathur, Antara Moitra, Cathy Meeus, Isha Sharma, Nisha Shaw, and Janashree Singha for editorial help, Claire Bowers for compiling the DK picture credits, Nishwan Rasool for picture research, and Suruchi Bhatia, Maasoom Dhillon, and William Jones for app development and creation.

The publisher would like to thank the following for their kind permission to reproduce their photographs:

Abbreviations key: (a-above; b-below/bottom; c-centre; f-far; l-left; r-right; t-top)

123RF.com: Andrey Popov / andreypopov 23bc; Andriy Popov 34tl; Brad Wynnyk 172bc; Daniel Ernst 179tc; Hongqi Zhang 244ca. 175cr; Ingvar Bjork 60c; Kobby Dagan 259c; leonardo255 269c; Liubov Vadimovna (Luba) Nel 39cla; Ljupco Smokovski 75crb; Oleksandr Marynchenko 60bl; Olga Popova 33c; oneblink 49bc; Robert Churchill 94c; Roman Gorielov 35bc; Ruslan Kudrin 35bc, 35br; Subbotina 39cra; Sutichak Yachaingkham 39tc; Tarzhanova 37tc; Vitaly Valua 39tl; Wavebreak Media Ltd 188bl; Wilawan Khasawong 75cb;

Action Plus: 224bc; **Alamy Images:** 154t; A.T. Willett 287bcl; Alex Segre 105ca, 195cl; Ambrophoto 24cra; Blend Images 168cr; Cultura RM 33r; Doug Houghton 107fbr; Hugh Threlfall 35tl; 176tr; Ian Allenden 48br; Ian Dagnall 270t; Ievgen Chepil 250bc; imagebroker 199tl, 249c; keith morris 178c; Martyn Evans 210b; MBI 175tl; Michael Burrell 213cra; Michael Foyle 184bl; Oleksiy Maksymenko 105tc; Paul Weston 168br; Prisma Bildagentur AG 246b; Radharc Images 197tr; RBtravel 112tl; Ruslan Kudrin 176tl; Sasa Huzjak 258t; Sergey Kravchenko 37ca; Sergio Azenha 270bc; Stanca Sanda (iPad is a trademark of Apple Inc., registered in the U.S. and other countries) 176bc; Stock Connection 287bcr; tarczas 35cr; vitaly suprun 176cl; Wavebreak Media Ltd 39cl, 174b, 175tr; **Allsport/Getty Images:** 238cl; **Alvey and Towers:** 209 acr, 215bcl, 215bcr, 241cr; **Peter Anderson:** 188cbr, 271br.

Anthony Blake Photo Library: Charlie Stebbings 114cl; John Sims 114tcl; **Andyalte:** 98tl; **Arcaid:** John Edward Linden 301bl; Martine Hamilton Knight, Architects: Chapman Taylor Partners, 213cl; Richard Bryant 301br; **Argos:** 41tcl, 66cbl, 66cl, 66cbl, 69cl, 70bcl, 71t, 77tl, 269tcc, 270tl; **Axiom:** Eitan Simanor 105bcr; Ian Cumming 104t; Vicki Couchman 148cr; **Beken Of Cowes Ltd:** 215cbc; **Bosch:** 76tcr, 76tc, 76tcl; **Camera Press:** 38tr, 256t, 257cr; Barry J. Holmes 148tr; Jane Hanger 159cr; Mary Germanou 259bc; **Corbis:** 78b; Anna Clopet 247tr; Ariel Skelley / Blend Images 52l; Bettmann 181tl, 181br;

Blue Jean Images 48bl; Bo Zauders 156t; Bob Rowan 152bl; Bob Winsett 247cbl; Brian Bailey 247br; Chris Rainer 247ctl; Craig Aurness 215bl; David H.Wells 249cbr; Dennis Marsico 274bl; Dimitri Lundt 236bc; Duomo 211tl; Gail Mooney 277ctcr; George Lepp 248tc; Gerald Nowak 239b; Gunter Marx 248cr; Jack Hollingsworth 231bl; Jacqui Hurst 277cbr; James L. Amos 247bl, 191ctr, 220bcr; Jan Butchofsky 277cbc; Johnathan Blair 243cr; Jose F. Poblete 191br; Jose Luis Pelaez.Inc 153tc; Karl Weatherly 220bl, 247tcr; Kelly Mooney Photography 259tl; Kevin Fleming 249bc; Kevin R. Morris 105tr, 243tl, 243tc; Kim Sayer 249tcr; Lynn Goldsmith 258t; Macduff Everton 231bcl; Mark Gibson 249bl; Mark L. Stephenson 249tcl; Michael Pole 115tr; Michael S. Yamashita 247cctcl; Mike King 247cbl; Neil Rabinowitz 214br; Pablo Corral 115bc; Paul A. Sounders 169cbr, 249ctcl; Paul J. Sutton 224c, 224br; Phil Schermeister 227b, 248tr; R. W Jones 309; Richard Morrell 189bc; Rick Doyle 241ctr; Robert Holmes 97br, 277cctc; Roger Ressmeyer 169tr; Russ Schleipman 229; The Purcell Team 211ctr; Vince Streano 194t; Wally McNamee 220br, 220bcl, 224bl; Wavebreak Media LTD 191bc; Yann Arhus-Bertrand 249tl; **Demetrio Carrasco / Dorling Kindersley (c) Herge / Les Editions Casterman:** 112ccl; **Dorling Kindersley:** Banbury Museum 35c; Five Napkin Burger 152t; **Dixons:** 270cl, 270cr, 270bl, 270bcl, 270bcr, 270cccr; **Dreamstime.com:** Alexander Podshivalov 179tr, 191cr; Alexxl66 268tl; Andersastphoto 176tc; Andrey Popov 191bl; Arne9001 190tl; Chaoss 26c; Designsstock 269cl; Monkey Business Images 26cb; Paul Michael Hughes 162tr; Serghei Starus 190bc; **Education Photos:** John Walmsley 26tl; **Empics Ltd:** Adam Day 236br; Andy Heading 243c; Steve White 249cbc; **Getty Images:** 48bcl, 100t, 114bcr, 154bl, 287tr; 94tr; George Doyle & Ciaran Griffin 22cr; David Leahy 162tl; Don Farrall / Digital Vision 176c; Ethan Miller 270bl; Inti St Clair 179bl; Liam Norris 188br; Sean Justice / Digital Vision 24br; **Dennis Gilbert:** 106tc; **Hulsta:** 70t; **Ideal Standard Ltd:** 72r; **The Image Bank/ Getty Images:** 58; **Impact Photos:** Eliza Armstrong 151cr; Philip Achache 246t; **The Interior Archive:** Henry Wilson, Alfie's Market 114bl; Luke White, Architect: David Mikhail, 59tl; Simon Upton, Architect: Phillippe Starck, St Martins Lane Hotel 100bcr, 100bpr; **iStockphoto.com:** asterix0597 163tl; EdStock 190br; RichLegg 26bc; SorinVidis 27cr; **Jason Hawkes Aerial Photography:** 216t; **Dan Johnson:** 35cr; **Kos Pictures Source:** 215cbl, 240tc, 240tr; David Williams 216b; **Lebrecht Collection:** Kate Mount 169bc; **MP Visual.com:** Mark Swallow 202t; **NASA:** 280cr, 280ccl, 281tl; **P&O Princess Cruises:** 214bl; **P A Photos:** 181br; **The Photographers' Library:** 186bl, 186bc, 186t; **Plain and Simple Kitchens:** 66t; **Powerstock Photolibrary:** 169tl,

256t, 287tc; **PunchStock:** Image Source 195tr; **Rail Images:** 208c, 208 cbl, 209br; **Red Consultancy:** Odeon cinemas 257br; **Redferns:** 259br; Nigel Crane 259c; **Rex Features:** 106br, 259tc, 259tr, 259bl, 280b; Charles Ommaney 114tcr; J.F.F Whitehead 243cl; Patrick Barth 101tl; Patrick Frilet 189cbl; Scott Wiseman 287bl; **Royalty Free Images:** Getty Images/Eyewire 154bl; **Science & Society Picture Library:** Science Museum 202b; **Science Photo Library:** IBM Research 190cla; NASA 281cr; **SuperStock:** Ingram Publishing 62; Juanma Aparicio / age fotostock 172t; Nordic Photos 269tl; **Skyscan:** 168t, 182c, 298; Quick UK Ltd 212; **Sony:** 268bc; **Robert Streeter:** 154br; **Neil Setchfield:** 82tr, 83tl, 90t, 118, 188ctr, 196tl, 196tr, 299cl, 299bl; **The Travel Library:** Stuart Black 264t; **Travelex:** 97cl; **Vauxhall:** Technik 198t, 199tl, 199tr, 199cl, 199cr, 199cctcl, 199cctcr, 199ctcl, 199ctcr, 199ctcl, 199ctcr, 200; **View Pictures:** Dennis Gilbert, Architects: ACDP Consulting, 106t; Dennis Gilbert, Chris Wilkinson Architects, 209tcr; Peter Cook, Architects: Nicholas Grimshaw and partners, 208t; **Betty Walton:** 185br; **Colin Walton:** 2, 4, 7, 9, 10, 28, 42, 56, 92, 95c, 99tl, 99tcl, 102, 116, 120t, 138t, 146, 150t, 168, 170, 191ctcl, 192, 218, 252, 260br, 260l, 261tr, 261c, 261cr, 271cbl, 271cbr, 271ctl, 278, 287br, 302, 401.

DK PICTURE LIBRARY:
Akhil Bahkshi; Patrick Baldwin; Geoff Brightling; British Museum; John Bulmer; Andrew Butler; Joe Cornish; Brian Cosgrove; Andy Crawford and Kit Hougton; Philip Dowell; Alistair Duncan; Gables; Bob Gathany; Norman Hollands; Kew Gardens; Peter James Kindersley; Vladimir Kozlik; Sam Lloyd; London Northern Bus Company Ltd; Tracy Morgan; David Murray and Jules Selmes; Musée Vivant du Cheval, France; Museum of Broadcast Communications; Museum of Natural History; NASA; National History Museum; Norfolk Rural Life Museum; Stephen Oliver; RNLI; Royal Ballet School; Guy Ryecart; Science Museum; Neil Setchfield; Ross Simms and the Winchcombe Folk Police Museum; Singapore Symphony Orchestra; Smart Museum of Art; Tony Souter; Erik Svensson and Jeppe Wikstrom; Sam Tree of Keygrove Marketing Ltd; Barrie Watts; Alan Williams; Jerry Young.

Additional photography by Colin Walton.

Colin Walton would like to thank:
A&A News, Uckfield; Abbey Music, Tunbridge Wells; Arena Mens Clothing, Tunbridge Wells; Burrells of Tunbridge Wells; Gary at Di Marco's; Jeremy's Home Store, Tunbridge Wells; Noakes of Tunbridge Wells; Ottakar's, Tunbridge Wells; Selby's of Uckfield; Sevenoaks Sound and Vision; Westfield, Royal Victoria Place, Tunbridge Wells.

All other images © Dorling Kindersley
For further information see: www.dkimages.com